Christine Bergmayer
BACKEN!

südwest

Zeit zum
BACKEN!

Christine
Bergmayer

südwest

Inhalt

Backliebe –
von meiner Liebe zum Süßen

Schon als Teenager rollte ich leidenschaftlich und unermüdlich Teig aus – am liebsten Blätterteig, und mit ihm begann auch meine Liebe zum Backen. Schließlich ergatterte ich eine Lehrstelle in der ältesten Konditorei Regensburgs, dem Café Prinzess. Vier Jahre lang fertigte ich dort täglich die leckersten Pralinen. Bei den sogenannten Donaumuscheln wurden die Pralinenformen per Hand marmoriert und mit zartem Nugat gefüllt. Die geschmolzene Schokolade an meinen Händen war mein heimliches Wellness-Programm. Und auch alle Teige, vom Mürbeteig (Seite 22) über den Blätterteig (Seite 68) bis zum Plunderteig (Seite 72), rollten wir mit dem Rollholz aus. So bekam ich ein Gefühl für die Eigenheiten der verschiedenen Teige. Natürlich sind Lehrjahre keine Herrenjahre, und ich konnte mich nicht davor drücken, auch mal kistenweise Äpfel zu schälen und Zwetschgen zu entsteinen. Doch mein Appetit auf leckeren Apfelstrudel (Seite 192) und saftigen Zwetschgendatschi (Seite 53) hielt mich bei solchen Tätigkeiten bei Laune, ich – und ganz Regensburg – konnte(n) einfach nicht genug davon bekommen.

Hannover – Eine Stelle im Restaurant Baccarat am Maschsee bot mir dann die Möglichkeit, richtig in die Welt der Patisserie einzusteigen. Die Chefs waren sympathisch, die jungen Köche hoch motiviert und es herrschte ein sehr angenehmes Arbeitsklima – trotz der unbegrenzten Arbeitszeiten. Ich wurde in alle Geheimnisse der Patisserie eingeweiht und kreierte wöchentlich neue Desserts und süße Kleinigkeiten, unter anderem den saftigen Mohnkuchen, den ich, flach auf dem Blech gebacken, in Ministücke schnitt (Seite 191).

London was calling – Über eine Stellenausschreibung in der Zeitschrift »Konditorei & Café« bewarb ich mich im Kaufhaus der Kaufhäuser: dem Harrods. Mein Schulenglisch ließ etwas zu wünschen übrig, daher verfasste ich meine Bewerbung auf Deutsch, aber dank des deutschen Chefs wurde ich trotzdem ausgewählt. Drei Wochen später stand ich schon in der großen Harrods-Backstube. Hier arbeiteten überraschenderweise nur wenige Engländer, dafür viele Franzosen und einige Deutsche. Wir bekamen nachmittags Tee in Silberkännchen serviert, da der Stil des Hauses auch in der Backstube gepflegt wurde.

Ab und zu durften wir sogar Erdbeertörtchen für die Queen backen! Ich war – je nach Tagestätigkeit – abwechselnd Miss Scone (Seite 182), Miss Almondcroissant (Seite 74, hier ohne Mandeln), Miss Sausageroll oder Miss Muffin. Sehr viel über die französische *Pâtisserie* habe ich in der Zeit bei Harrods von den Franzosen gelernt. Damals gab es in Frankreich noch so gut wie keine Konditorinnen, und so gewöhnten sich die Franzosen in London langsam auch an Frauen in der Backstube. Das schönste Kompliment, das ich erhielt, lautete: »Du kannst backen wie ein Mann!«

Garmisch-Partenkirchen, Schloss Elmau – Wenn es am schönsten ist, soll man bekanntlich aufhören! Deshalb ging es aus der Hektik der Großstadt direkt in ein Bergschloss, 1000 Meter über dem Meeresspiegel am Fuße der Alpen. Dort war ich als einzige Patissière täglich für bis zu 300 Gäste zuständig und durfte jeden Tag verschiedene Desserts und Kuchen für die Kaffeezeit zaubern. Es gab auch ab und zu Schwäne für alle (Seite 102) oder für jeden Tisch eine Passionsfrucht-Charlotte (Seite 110) – eine ganz schöne Herausforderung! Abends gaben berühmte Künstler im Konzertsaal großartige Konzerte und das Personal durfte zuhören, wenn Plätze frei waren. Die Kulisse war gewaltig: Direkt hinter dem Schloss erhob sich das Wettersteingebirge – es war die sportlichste Zeit in meinem Leben ... Natur, Kultur und Backen, was gibt es Schöneres? Nun war die Zeit reif für meine Meisterprüfung, die ich in meiner geliebten Heimat Regensburg absolvierte. Gott erhalt's, die Oberpfalz ...! Zur Belohnung ging es anschließend noch einmal nach London, da die Zeit dort einfach fantastisch gewesen war und ich mein Englisch weiter perfektionieren wollte.

Kreuzfahrtschiff MS Europa – Meine Großmutter war eine der ersten Frauen, die auf einem Kreuzfahrtschiff gearbeitet haben (1935/36 auf der MS Milwaukee als Krankengymnastin). Für mich war es die Erfüllung eines Traums, ebenso wie sie auch einmal auf einem Schiff zu arbeiten.
Ganze 60 Jahre nach meiner Oma bin ich auf ihren Spuren auf dem Amazonas nach Manaos geschippert. Mit der MS Europa umrundete ich zweimal Kap Hoorn – zum Glück bei ruhiger See. Ich passierte die Freiheitsstatue in New York, fuhr unter

der Golden Gate Bridge hindurch nach San Francisco, gondelte durch den Suez-, den Panama- und den Nord-Ostsee-Kanal. Auch Eisberge auf dem Weg nach Grönland kreuzten meinen Weg! Und auf den langen Routen backte ich wie eine Weltmeisterin: Brownies (Seite 181) und Bananen-Kokos-Kuchen (Seite 184). Doch die Passagiere freuten sich am Ende einer jeden Reise am meisten über die Eisbombe (Seite 124). Ich lernte tolle, interessante, spannende Menschen kennen und sehr viele Wege zu gutem Gebäck. Immer wieder mal fehlten wichtige Zutaten oder sie sahen ganz anders aus – da musste improvisiert werden. Nachts standen wir oft in der Küche und bastelten. Ein Kollege meißelte aus Eisblöcken Skulpturen, ein anderer formte aus Butter Prachtstücke und ich modellierte Hübsches aus Marzipan und Schokolade. Ein Traumjob: Tag und Nacht backen und Mittagspausen in den schönsten Häfen der Welt.

München – Endlich wieder festen Boden unter den Füßen und zu Hause bei der Familie: Ich ergatterte einen Job im angesagten Lenbachhaus, dem »Palast der sieben Sünden«. Eine der Sünden kann ich verraten – die Schokotörtchen (Seite 127)! Aber in mir schlummerte schon länger die Idee, einmal in einem Verlag zu arbeiten und eigene Rezepte zu entwickeln. Und wieder hatte ich Glück!

Hamburg – Bei der Zeitschrift »essen & trinken« konnte ich ein Praktikum machen. Dort gab es viel zu entdecken: Es wurde ausgiebig experimentiert, nachgebacken und dann in seiner schönsten Form professionell fotografiert. Genau zu dieser Zeit kamen langsam die Cupcakes in Mode (Seite 112 ff.). Ein toller Beruf mit Perspektive ... bis ein Anruf aus Regensburg kam! Martin Müller – mit ihm hatte ich einst im Café Prinzess meine Ausbildung gemacht – wollte mit mir ein Café eröffnen! Ein eigenes Café, wer kann da schon widerstehen?

Regensburg – Unser Café Opera lief vom ersten Tag an. Abends waren alle Kuchen bis auf den letzten Krümel verkauft. Martin und ich hatten unsere Backerfahrungen gemeinsam durchgeschüttelt und aus deutschen, italienischen, englischen und französischen Rezepten unsere leckeren Gebäcke und Kuchen entwickelt. Bald waren wir fünf Konditoren in der winzigen Backstube, fingen in aller Frühe mit Croissants und Baguettes an und dekorierten bis spät abends Hochzeitstorten. Trotzdem begab ich mich nach fünf Jahren wieder auf Wanderschaft. Übrigens: Das Café Opera mit den leckersten Kuchen Bayerns gibt es heute noch! Auf Seite 24 (Schweizer Nusstörtchen), Seite 28 (Italienische Mandeltörtchen), Seite 38 (Pink-Grapefruit-Tarte), Seite 170 (Früchtebrot) und Seite 178 (Sacherschnitten) finden Sie leicht abgewandelte Rezepte der süßen Sünden.

Fürstenfeldbruck – Ein Freund aus Schiffszeiten bot mir einen interessanten Job im Biorestaurant Fürstenfelder an. In der historischen Klosteranlage leitete ich die Patisserie (alles Bio!), und neben dem Restaurant gab es einen tollen, viel besuchten Biergarten, dazu wundervolle Feste und Veranstaltungen in der Tenne für bis zu 700 Personen – mit saftigen Kuchen (Apfel-Schmand-Kuchen, Seite 32, Birnenkuchen, Seite 137) und fürs Mitternachtsbüfett Eis-Windbeutel (Seite 96).

London – Jetzt arbeitete ich für Peggy Porschen – sie ist fürs Backen das, was Jamie Oliver fürs Kochen ist. Peggy beeindruckt durch ihre perfekte Arbeit: So mussten wir auch schon mal 6000 kleine Früchteküchlein für Fortnum & Mason (eines von Londons Luxus-Kaufhäusern) mit Zuckermasse einschlagen und alle identisch garnieren. Und einige luxuriöse Torten für die High Society waren auch dabei. In London bekam ich den letzten Schliff für englische Hochzeitstorten (Seite 150) und perfektionierte das Dekorieren mithilfe von Zuckerguss-tütchen, aber irgendwann stellte sich der Wunsch ein, mal wieder selbst Regie zu führen.

Hamburg – Da auch in Deutschland die Nachfrage nach mehrstöckigen Torten mit Zuckerguss und Zuckerblümchen immer größer wurde, war meine Idee geboren. Ich wollte in Hamburg perfekte Torten backen und dies mit Foodstyling-Jobs für Verlage verbinden. Die Versuchsküche der Zeitschrift »essen & trinken« hatte mich in guter Erinnerung. Ich durfte für sie Backvideos drehen und ganze Rezeptstrecken schreiben. Hierfür noch mal ein dickes Dankeschön!
In meiner eigenen Backstube Die Zuckerbäckerin versüße ich nun seit Jahren Hamburger Partys, Feste und Geburtstage mit Torten (Seite 148) und Petit Fours (Seite 119) in allen Größen. Wir backen und dekorieren mit viel Liebe und Leidenschaft Hochzeitstorten, bis sie perfekt zum Brautpaar passen. Für Zeitschriften und Verlage entwickle ich viele Rezepte. Und nun halten Sie in der Hand, was ich mir lange und sehnlichst gewünscht habe: mein Backbuch mit all den Rezepten, die mein Leben begleiten!

Backen ist mein Leben, meine Leidenschaft — mein Lebenselixier! Das möchte ich in diesem Buch gerne mit Ihnen teilen.

Ihre

Christine Dogmaye

Tipps und Tricks

Zeit nehmen zum Backen

Ein schneller Lieblingskuchen zum Kaffee ist super, doch bei einem neuen Rezept, einem Hefeteig oder einer hübsch dekorierten Torte sollte man sich Zeit nehmen. Rührkuchen wird beispielsweise luftiger, wenn Butter und Eier etwas länger als üblich schaumig geschlagen werden. Hefeteig freut sich über »Zeit zum Gehen« und dankt es mit einer feinen Porung und zartem Hefegeschmack. Große Torten brauchen »Zeit zum Kühlen«, sie müssen nämlich fest werden und sollten anschließend erst dekoriert werden.

Beim Backen sollten Sie sich auf viele Wartezeiten einstellen, alles muss immer komplett auskühlen können oder eben fest werden. Ich nutze die Zeit meist, um einen zweiten oder dritten Kuchen gleichzeitig zu backen, aber man kann ja auch nebenbei stricken, lesen oder Zuckerblümchen modellieren, um das Warten zu verkürzen.

TEIGE

Mit der Zeit entwickelt man ein Gefühl für Teig. Wenn Sie wissen, wie sich der Teig anfühlt und aussieht, wenn er perfekt ist, sind Sie schon im Backolymp gelandet!

- Mürbeteig sollte sich kühl und trocken, aber nicht bröselig anfühlen.
- Hefeteig ist glatt, weich und nicht klebrig.
- Brandteig darf klebrig sein und soll durch die Eier schön glänzen.
- Biskuit ist der lockerste von allen und
- Rührteig sollte sich anfühlen und aussehen wie luftige Buttercreme.

BACKOFEN

Jeder neue Ofen ist auch für den Profi eine Herausforderung. Man muss sich immer erst aneinander gewöhnen und beobachten, ob der »Neue« eher etwas schärfer bäckt oder kälter. Wenn man es genau wissen möchte, kann man auch ein Ofenthermometer verwenden. Je nach Ofen wird eine Seite des Gebäcks schneller braun und es empfiehlt sich, das Blech ein- bis zweimal zu drehen. Und: Schieben Sie bei Ober- und Unterhitze immer nur ein Backblech in den Ofen – bei Umluft dürfen es auch gerne zwei Bleche sein. Diese werden nach der halben Backzeit gedreht und getauscht, damit alle Gebäckstücke auch gleichmäßig braun werden.

Den Ofen vorzuheizen macht Sinn, wenn man sich an die angegebene Backzeit halten möchte. Falls man den Ofen nicht vorheizt, dauert die Backzeit länger – allerdings möchten einige Gebäcke wie Brandteig und Blätterteig heiß angebacken werden! Ich bestreiche meine Gebäckstücke gerne nur mit Wasser anstatt mit Milch oder Ei, dann werden sie beim Backen nicht so schnell zu braun.

WANN IST DAS GEBÄCK FERTIG?

Die Backzeit variiert je nach Ofen, Backformgröße und je nachdem, wie viel Feuchtigkeit im Teig ist. Mürbeteig freut sich beispielsweise, wenn er goldbraun gebacken wird. Bei Rührkuchen sollte man immer eine Stäbchenprobe machen: Am besten mit einem Holzstäbchen in die Mitte des Kuchens stechen und wenn noch Teig am Stäbchen ist, dauert es noch etwas. Sie können auch die Finger vorsichtig auf die Oberfläche des Kuchens legen und tasten, ob er sich im Inneren noch weich oder sogar flüssig anfühlt. Wenn er sich wie ein fester Schwamm anfühlt, ist er fertig.

SCHOKOLADE

Meine Lieblingsschokolade zum Backen ist ganz einfache Zart-bitter-Kuvertüre. Ich nehme lieber Kuvertüre, da sie beim Schmelzen flüssiger wird. In Schokolade dürfen außer Kakao, Kakaobutter, Zucker und Milchpulver auch noch andere Zutaten enthalten sein. Für Kekse und Pralinen kann man je nach Geschmack auch hochwertigere Kuvertüren verwenden. Das Temperieren von Kuvertüre will geübt sein und braucht mal wieder Zeit. Falls es für Kuchen oder Gebäck schneller gehen muss, gebe ich 1 bis 2 Teelöffel reines Kokosfett zur Kuvertüre, dann bekommt sie eher einen schönen Glanz. Kuvertüre sollte man sehr klein hacken und zu Dreiviertel im warmen Wasserbad schmelzen. Kuvertüre gibt es auch als Chips – so fällt das Zerkleinern weg. Während die Kuvertüre schmilzt wird immer wieder umgerührt – das Wasser darf nicht heißer als 50 °C sein. Da auf keinen Fall Wasser oder Wasserdampf in die schmelzende Schokolade gelangen darf, stelle ich die Schüssel mit der gehackten Kuvertüre auch ab und zu in den 50 °C warmen Ofen zum Schmelzen. Wenn die Schokolade geschmolzen ist, nehme ich sie aus dem Wasserbad oder dem Ofen und rühre die restliche gehackte Kuvertüre unter, bis alles geschmolzen ist. Wenn sie am Rand wieder fester wird, einfach die Schüssel erneut kurz in das Wasserbad oder in den Ofen stellen.

FONDANT – ROLLFONDANT – ICING

Fondant ist in der Konditorei die klassische Zuckerglasur, die man etwas erwärmt und flüssig macht, um damit Gebäck und Petit Fours zu überziehen. Rollfondant, White Icing oder auch Dekorpaste kann man kneten, modellieren und ausrollen. Es gibt sie in vielen unterschiedlichen Qualitäten, sie schmecken ab und zu ein bisschen künstlich. Ich verwende »Callebout« oder »Carma tropic« zum Dekorieren oder zum Einschlagen von Torten, denn beide schmecken gut und lassen sich toll verarbeiten. Icing ist eine Zuckermasse aus Eiweiß und Puderzucker zum Schreiben und Garnieren. Die Masse schlage ich immer selbst auf – aus frischem Eiweiß (oder Trockeneiweiß) und Puderzucker. Es gibt auch fertige Pulver zu kaufen, die mit Wasser aufgeschlagen werden.

SPEISEFARBEN

Bunte Farben zaubern Kindern und jung gebliebenen Erwachsenen ein Lächeln ins Gesicht, und wer glücklich ist, verträgt auch etwas Farbe. Ich verwende Speisefarbe gerne für Zuckerguss und Deko. Es gibt sehr viele verschiedene Produkte, die schönsten Farben sind meist die aus Übersee (zumeist als Pasten in kleinen Töpfchen erhältlich, da brauche ich zum Färben auch nur eine kleine Messerspitze). Lange haltbar und schön intensiv sind auch Pulverfarben.
Für Zuckerblumen verwende ich auch gerne Glitzerpuder in Gold, Silber, Rosé oder Perlmutt – mithilfe eines Pinsels »schminke« ich damit die Blumen. Und eine schöne Neuheit sind Silber- oder Goldsprays mit Speisefarbe! Es gibt übrigens auch gute Speisefarben im Bioladen zu kaufen.

BAISER – MERINGUE

Es gibt zwei Arten von Baiser, beide bestehen aus Eiweiß, das mit viel Zucker aufgeschlagen wird. Der Klassiker ist die Meringue. Hier wird die Eiweißmasse im Ofen langsam über mehrere Stunden hinweg getrocknet, bis sie hart und luftig-trocken ist. Bei Kuchen ist es meist die andere Variante: Hier bleibt der Baiser weich und cremig, er darf nur kurz in den sehr heißen Ofen oder wird bei kleinen Gebäckteilchen (z.B. bei Zitronentörtchen) nur kurz mit dem Bunsenbrenner abgeflämmt. Wenn der weiche Baiser zu lange im Ofen ist, verliert er an Luftigkeit und wird klebrig. Ich bleibe in solchen Fällen sicherheitshalber währenddessen vor der Ofentür sitzen und schaue dem Baiser beim Braunwerden zu (siehe Rezept Johannisbeerbaiser, Seite 116).

SILIKON

Für mich sind Silikonformen und Silikonbackmatten die beste Erfindung der letzten 20 Jahre. Was hat man sich früher bei Florentinern oder Nusstalern die Hände aufgeschnitten, nur um sie aus den Metallringen zu bekommen ... Und nun hebt man sie nach dem Abkühlen einfach aus der Silikonform – ein Traum. Für meine Backbleche verwende ich statt Backpapier Silikonmatten. Diese halten selbst bei meinem intensiven Gebrauch nun schon sieben Jahre, und das Gebäck klebt nicht fest. Sie liegen schön glatt auf dem Blech und lassen sich sehr leicht nur mit Wasser säubern.

Auch bei Muffins und anderem Kleingebäck finde ich Silikonformen toll. Und Sie können auch wunderbar Eisparfait-Massen in beliebige Formen füllen und einfrieren.

MESSER

Meine Messer sind alle nicht allzu scharf. Dafür habe ich ein sehr langes Sägemesser, um meine Tortenböden gut halbieren zu können, plus ein kleines Obstmesser mit und ohne Sägeschliff für das Obst und ein schweres großes Messer mit glattem Schliff, um Kuvertüre und Nüsse zu hacken.

GRÖSSENVERGLEICH BEI KUCHENFORMEN

Manchmal hat man nicht die Form, die im Rezept steht, gerade die kleinen Silikonformen gibt es in unterschiedlichen Größen. Ich fülle die Backformen mit Wasser – das nennt man auch »auslitern« – und dann weiß ich, wie viel Kuchenteig in der Form Platz hat. Passt in eine eckige Form, wie es im Rezept steht, genau 1 Liter Wasser, geht zum Backen auch jede andere Form, in die 1 Liter Wasser passt, manchmal ändert sich nur die Backzeit etwas. Statt Wasser kann man auch Zucker nehmen und die Formgrößen so vergleichen.

BACKFORMEN

Gut, dass ich eine Backstube habe, sonst würde jeder Küchenschrank bei all den Backformen aus den Nähten platzen. Es wird trotzdem schnell unübersichtlich ... War da nicht noch eine kleinere Gugelhupfform? Ich habe am Schrank eine Liste, auf der die ganzen Größen und Formen stehen, und die Backformen, die nur einmal im Jahr gebraucht werden, verschwinden im Keller und werden trotzdem nicht vergessen.

GERÄTSCHAFTEN

Folgendes Werkzeug benötigt man in der Backstube bzw. werden für die Rezepte im Buch verwendet:

- Handrührgerät und/oder Küchenmaschine
- große und kleine Schüsseln
- Auflaufform
- Springform 18, 20 und 26 Zentimeter ø
- verstellbarer Backrahmen
- Tarteform mit herausnehmbarem Boden
- Pizzablech rund
- Muffinblech aus Metall oder Silikon
- kleine Gugelhupfformen aus Silikon (100 Milliliter)
- Tarteletteförmchen
- Rehrückenform
- Ausstechersatz rund
- Loch- und Sterntüllen
- Spritzbeutel in verschiedenen Größen (gerne auch Einwegspritzbeutel)
- Rollholz
- feine Reibe
- Pralinengabel (2 bis 3 Zinken)
- Kuchengitter in verschiedenen Ausführungen
- schweres glattes Messer
- Winkelpalette
- langes Sägemesser
- mehrere Backbleche
- stabiler Schneebesen klein und groß
- Teigschaber
- Kochlöffel aus Holz
- Lineal

Für Marzipan und Rollfondant
- Messer aus Plastik
- Ausrollunterlage aus Plastik oder Silikon
- kleine Blümchenausstecher

ZUTATEN

Die Zutaten sind beim Backen und Kochen das Wichtigste! Regional und frisch sollen sie sein, und durch das Backen werden sie haltbarer gemacht – wie früher, als im Winter die frischen Zutaten knapp wurden und unsere Großeltern für die magere Jahreszeit Kekse und Früchtebrot gebacken haben. Heutzutage können wir auch den Tiefkühlschrank nutzen. So bleibt kein Tag ohne Kuchen!

OBST UND BEEREN

Beim Kuchenbacken kann man wunderbar durch die Jahreszeiten gehen und sich die Rezepte danach aussuchen, was gerade frisch im Obstkorb liegt. Reifes aromatisches Obst macht jedes Rezept ohne Frage viel, viel besser! Allerdings habe ich auch häufiger Äpfel oder Bananen im Obstkorb liegen, die mich zum sofortigen Reinbeißen eher nicht mehr anlachen. Und auch das ist ein guter Grund, aus den Äpfeln einen Kuchen oder Apfelstrudel zu backen und somit das Beste aus dem Resteobst herauszuholen.

Aus reifen Bananen backe ich Bananen-Kokos-Kuchen (Seite 184). Und Beeren, die etwas angeschlagen sind, lassen sich gut zu Beerenpüree für Cremes kochen. Achtung: Obst mit Schimmel muss in den Abfall, da es ungesund ist!

MEHL

Weizenmehl 405 oder 550 oder Dinkelmehl 630 – Sie können alle drei für so gut wie jedes Rezept verwenden. Je nachdem wie lange das Mehl schon gelagert ist, braucht es etwas mehr oder weniger Feuchtigkeit. So kommt es immer mal wieder vor, dass trotz genauem Abwiegen der Hefeteig sich fester oder weicher anfühlt – je nachdem wie viel Feuchtigkeit vom Mehl aufgenommen werden kann. Bei Vollkornmehlen verändern sich die Rezeptmengen leicht, da sollte man geübt sein!

EIER

Das Huhn soll ein glückliches sein, Bio ist mir dabei nicht ganz so wichtig. Wer das Glück hat, frei laufende, zufriedene Hühner zu kennen, sollte unbedingt diese Eier kaufen, ansonsten wie bei allen Lebensmitteln fragen, woher sie stammen. S-, M- und L-Eier: Für meine Rezepte nehme ich immer Eier der Klasse M, um gleichbleibende Backergebnisse zu bekommen. Bei größeren Teigmengen in der Backstube wiegen wir die Eiermenge immer ab. Als Grundregel für Rezepte gilt: Ein Ei ohne Schale wiegt 50 Gramm (Eigelb 20 Gramm plus Eiweiß 30 Gramm).

BUTTER UND MILCH

Ohne Butter möchte ich nicht backen ... Aber natürlich funktionieren alle Rezepte auch mit backfester Margarine. Milch und Sahne habe ich gerne aus der Region, und wenn die Sahne 35 Prozent Fett enthält, schlägt sie sich besonders gut auf und fällt nicht so schnell wieder zusammen. Wer keine Milch verträgt, kann für die Rezepte auch Mandelmilch verwenden, die finde ich sehr lecker.

NÜSSE UND GETROCKNETE FRÜCHTE

Eine ranzige Nuss kann einem die Lust auf ein zweites Kuchenstück verderben, darum probiere ich aus jeder Tüte vorab ein paar Nüsse. Dunkel, kühl und nicht zu lange sollte man Nüsse lagern. Frische, geschälte Walnüsse friere ich portionsweise ein, dann sind sie das ganze Jahr über lecker. Bei getrockneten Früchten müssen die etwas älteren nur länger eingeweicht werden und lassen sich dann ohne Qualitätsverlust verbacken. Und: Falls die Farbe fehlt, kann es ein gutes Zeichen dafür sein, dass die Trockenfrüchte frei von Schwefel und sonstigen Zusätzen sind – es lohnt sich daher, die Zutatenliste auf der Verpackung zu studieren.

GEWÜRZE

Im Winter freut sich das Gebäck über wärmende Gewürze. Bei getrockneten Gewürzen wie beispielsweise Zimt, Kardamom, Piment, Muskatnuss, Sternanis, Nelken und Pfeffer würzen Sie wie im Rezept angegeben. Probieren Sie den Teig und würzen Sie nach Bedarf nach, da die Intensität der Gewürze je nach Lagerung, Herkunft und Frische schwanken kann. Im Sommer verwende ich gerne abgeriebene Zitronenschale, frische Pfefferminze und Ingwer. Mit Gewürzen können Sie Gebäck wunderbar Ihre eigene Note verleihen, da die Rezepte mit etwas mehr oder weniger Gewürzen genauso klappen ... Und nicht die Prise Salz im Kuchenteig vergessen!

Aromen selbst gemacht – es lohnt sich!

Da man nicht immer Vanilleschoten oder unbehandelte Zitrusfrüchte im Haus hat, lohnt es sich, aromatisierten Zucker für den Vorrat herzustellen.

Frische, unbehandelte Zitronenschale schmeckt viel besser als jedes künstliche Aroma. Ich bereite deshalb immer eine größere Menge Zitronenzucker zu. Den Zitronenzucker hebe ich in einem Glas im Tiefkühlfach auf und nehme mir bei Bedarf teelöffelweise etwas heraus.

ZITRONENZUCKER UND ORANGENZUCKER

Unbehandelte Zitronen oder Orangen gut abwaschen und anschließend trockenreiben. Die Schale fein abreiben, dann abwiegen und viermal so viel Zucker zugeben. Die Mischung in einen Blitzhacker geben, fein mixen, in ein sauberes Glas mit Schraubdeckel füllen und einfrieren. Fertig!

INGWERZUCKER

Frischen Ingwer schälen und fein reiben. Den zerkleinerten Ingwer abwiegen und viermal so viel Zucker unterrühren. Die Mischung in ein sauberes Glas mit Schraubdeckel füllen und einfrieren – so bleibt das Aroma am besten erhalten.

VANILLEZUCKER

2 frische Vanilleschoten längs aufschneiden und die Vanille mit einem Messer auskratzen. Vanille mit 200 Gramm Zucker mischen, sodass sie sich gut im Zucker verteilt. Vanilleschoten in 3 Stücke schneiden, alles zusammen in ein sauberes Gefäß geben und gut verschließen. Durchschütteln und trocken lagern. So hält sich der Vanillezucker viele Monate.

Mehl

Mürbeteig

Mürbeteig – schön knusprig

Mürbeteig war für mich der erste Kontakt mit dem Backen. Als Kind habe ich in der Adventszeit Plätzchenteig ausgerollt, ausgestochen und davon genascht, bis ich Bauchweh bekam!

Mürbeteig ist der perfekte Keksteig, im Sommer ist er die knusprige Unterlage für Beeren. Die Zutaten für Mürbeteig hat man fast immer im Kühlschrank, und das Gebäck hält sich gut mehrere Tage (und wird oft sogar noch besser).

MÜRBETEIG-TIPPS

- Die Butter soll kühl, aber nicht steinhart sein, und der Teig darf nicht zu lange geknetet werden. Sonst verbindet sich die Butter zu sehr mit dem Mehl und der Teig wird zäh.
- Mürbeteig lässt sich viel besser ausrollen, wenn er kühl ist, darum gerne zwischendurch kalt stellen. Beim Ausrollen darauf achten, dass die Arbeitsfläche nicht mit zu viel Mehl bestäubt wird. Mit dem Rollholz immer von der Mitte nach außen mit sanftem Druck rollen und den Teig öfter auf der Arbeitsfläche hin und her bewegen, damit er nicht auf der Arbeitsfläche festklebt. Achten Sie darauf, kein zusätzliches Mehl beim erneuten Kneten zu benutzen, der Teig wird sonst trocken und bröselig (brandig).
- Ist der Mürbeteig doch bröselig geworden und lässt sich nicht mehr ausrollen, kann man ihn noch gut als Streusel, z.B. für einen Apfelkuchen, verwenden.

BLIND BACKEN

Blind backen bedeutet nicht »Augen zu und durch«, sondern den Mürbeteig erst ohne Füllung durchzubacken, um ihn anschließend mit saftigen Füllungen zu versehen. Bei Tartes – klein oder groß – bedeckt man den ungebackenen Mürbeteig mit einem zugeschnittenen Stück Backpapier und beschwert dieses mit trockenen Hülsenfrüchten (Linsen oder Erbsen). Nach dem Backen kann man die Hülsenfrüchte mitsamt Backpapier aus dem Mürbeteigboden heben und problemlos noch öfter fürs Blindbacken verwenden.

PUDERZUCKER ODER ZUCKER?

Puderzucker macht den Mürbeteig feiner und empfiehlt sich bei Keksen, die man ausschicht, da der Mürbeteig beim Backen besser die Form hält. Mürbeteig mit Zucker oder Rohrzucker wird nach dem Backen knuspriger.

HIRSCHHORNSALZ

Um den Mürbeteig richtig knusprig zu machen, gebe ich ab und an 1 Messerspitze Hirschhornsalz dazu, Sie finden es im Gewürzregal im Supermarkt. Eigentlich ist es ein Backtriebmittel für Lebkuchen (darum kann es im Sommer manchmal ausverkauft sein).

PIMP YOUR MÜRBETEIG

Mürbeteig freut sich über Gewürze! Die klassischen Zugaben sind Vanille und Zitronenschale. Ich verwende auch sehr gerne Orangenschale, frisch geriebenen Ingwer, frisch gemahlenen Kaffee, gemahlenen Zimt, Kardamom oder gemahlene Nelken.

LAGERUNG

Man kann Mürbeteig in Folie eingepackt bis zu 5 Tagen im Kühlschrank lagern oder ihn in flachen Ziegeln (und doppelt in zwei Gefriertüten verpackt) wunderbar bis zu 6 Monaten einfrieren. Mürbeteig dann am besten in der Gefriertüte im Kühlschrank auftauen lassen.

RESTEVERWERTUNG

Hat man Mürbeteig übrig, kann man schnell ein paar Kekse backen. Den Mürbeteig z.B. mit frisch gemahlenen Kaffeebohnen oder Orangenabrieb und Zimt verkneten und zu 2 Zentimeter dicken Rollen formen. Die Mürbeteigrollen in Zucker wälzen und kalt stellen. Wenn die Stangen fest sind, in 8 Millimeter dicke Scheiben schneiden. Die Kekse auf einem Backblech auf Backpapier verteilen und im vorgeheizten Ofen bei 180 °C zartbraun backen. Die ungebackenen Teigrollen lassen sich auch gut einfrieren.

Schweizer Nusstörtchen (ohne Ei)

Diese kleinen Nusstörtchen sind mein idealer Pausensnack auf langen Wanderungen oder beim Skifahren. Wenn ich sie auspacke, habe ich viele neue Freunde! Für jeden reicht ein Törtchen, da sie sehr reichhaltig sind.

ZUTATEN FÜR 12 STÜCK

FÜR DEN MÜRBETEIG:
200 g kalte Butter
100 g Zucker
1 Prise Salz
275 g Mehl

FÜR DIE NUSSFÜLLUNG:
200 g Sahne
100 g Zucker
100 g Honig
200 g Walnusskerne
100 g gehackte Haselnüsse
1 Prise Salz
30 g Butter

AUSSERDEM
1 Muffinblech
12 Papierförmchen

Zubereitungszeit 40 Minuten plus 1 Stunde Kühlzeit und 30 Minuten Backzeit

ZUBEREITUNG

1. Für den Mürbeteig kalte Butter in dünne Scheiben schneiden. Butter, Zucker und Salz mit den Knethaken des Handrührgeräts verkneten. Mehl zugeben und mit den Händen zügig zu einem glatten Teig verkneten. Mürbeteig zu einem flachen Ziegel formen, in Folie wickeln und 1 Stunde kalt stellen.

2. Für die Füllung Sahne, Zucker und Honig in einem Topf zum Kochen bringen und bei mittlerer Hitze 5 Minuten köcheln lassen.

3. Walnusskerne grob hacken.

4. Walnüsse, gehackte Haselnüsse, Salz und Butter zu der Sahnemasse geben und unterrühren. 1 Minute köcheln lassen. Währenddessen öfter umrühren.

5. Den Backofen auf 170 °C (Umluft 150 °C, Gas Stufe 2) vorheizen.

6. Muffinblech mit Papierförmchen auslegen. Den Mürbeteig auf bemehlter Arbeitsfläche 3 bis 4 Millimeter dick ausrollen und 12 Kreise mit einem Durchmesser von 10 Zentimetern ausstechen. Mürbeteigkreise in die Muffinförmchen legen und sanft bis zum Boden drücken.

7. Lauwarme Walnussfüllung in den Mürbeteigschälchen verteilen. Die Nusstörtchen im vorgeheizten Ofen auf unterster Schiene bei 170 °C 25 bis 30 Minuten goldbraun backen.

8. Die Walnusstörtchen in der Form auf einem Kuchengitter abkühlen lassen und noch leicht warm aus der Form nehmen.

Die Schweizer Nusstörtchen halten sich luftdicht verpackt circa 2 Wochen.

Linzer Torte mit Preiselbeeren

Eine Linzer Torte wird mit jedem Tag besser. So kann man auch für sich alleine eine ganze Torte backen und hat dann jeden Tag ein Stück vom Glück!

ZUTATEN FÜR 12 STÜCKE

FÜR DEN MÜRBETEIG:
225 g kalte Butter
1 Prise Salz
100 g Rohrzucker
1 Ei (Kl. M)
1 TL gemahlener Zimt
¼ TL gemahlene Nelken
150 g gemahlene Walnüsse
250 g Mehl
Butter für die Form
Puderzucker

FÜR DIE FÜLLUNG:
700 g Preiselbeerkompott aus dem Glas

AUSSERDEM
1 Springform (26 cm ø)

 Zubereitungszeit 35 Minuten plus 2 Stunden Kühlzeit und 1 Stunde und 10 Minuten Backzeit

ZUBEREITUNG

1. Für den Mürbeteig kalte Butter in dünne Scheiben schneiden. Butter, Salz, Rohrzucker und Ei mit den Knethaken des Handrührgeräts verkneten. Zimt, Nelken, Walnüsse und Mehl zugeben und mit den Händen zügig zu einem glatten Teig verkneten. Anschließend Mürbeteig zu einem flachen Ziegel formen, in Folie wickeln und 2 Stunden kalt stellen.

2. Den Backofen auf 180 °C (Umluft 160 °C, Gas Stufe 2-3) vorheizen.

3. Die Springform ganz dünn mit Butter fetten. Die Hälfte des Mürbeteigs auf bemehlter Arbeitsfläche ausrollen und einen Kreis mit einem Durchmesser von 25 Zentimetern ausschneiden. Den Boden in die Springform legen und mit einer Gabel mehrfach einstechen.

4. Den Mürbeteigboden im vorgeheizten Ofen auf mittlerer Schiene bei 180 °C 18 bis 20 Minuten backen. Anschließend auf einem Kuchengitter auskühlen lassen.

5. Eine 75 Zentimeter lange und 2 Zentimeter dicke Rolle aus Mürbeteig formen, dabei etwa die Hälfte des Teigs übrig lassen. Die Teigrolle als Rand in die abgekühlte Springform legen und ungefähr 3 Zentimeter hoch festdrücken.

6. Preiselbeerkompott auf dem Boden verteilen und glatt streichen. Den restlichen Mürbeteig zu 1 Zentimeter dicken Rollen (etwa 10 Stück) formen und als Gitter auf die Preiselbeeren legen.

7. Die Linzer Torte weitere 45 bis 50 Minuten auf mittlerer Schiene bei 180 °C backen und anschließend auf einem Kuchengitter vollständig auskühlen lassen. Vor dem Servieren mit wenig Puderzucker bestäuben.

Die Linzer Torte am besten erst nach 12 Stunden anschneiden. Sie hält sich abgedeckt bei kühler Raumtemperatur bis zu 8 Tage.

Italienische Mandeltörtchen

So geht Dolce Vita — meine kleinen gebackenen Klassiker!

ZUTATEN FÜR 12 STÜCK

FÜR DEN MÜRBETEIG:
100 g kalte Butter
1 Prise Salz
50 g Zucker
1 Eigelb (Kl. M)
75 g gemahlene Mandeln
100 g Mehl
Butter für die Form

FÜR DIE FÜLLUNG:
200 g Marzipanrohmasse
150 g Zucker
2 Eiweiß (Kl. M)
25 g blanchierte, gemahlene Mandeln
½ Fläschchen Bittermandelöl
1 Prise Salz
100 g Mandelkerne

AUSSERDEM
12 Tarteförmchen (8 cm ø) oder
1 Silikon-Muffinform

*Zubereitungszeit 40 Minuten plus
1 Stunde Kühlzeit und 18 Minuten Backzeit*

ZUBEREITUNG

1. Für den Mürbeteig kalte Butter in dünne Scheiben schneiden. Butter, Salz, Zucker und Eigelb mit den Knethaken des Handrührgeräts verkneten. Gemahlene Mandeln und Mehl mischen, zugeben und mit den Händen zügig zu einem glatten Teig verkneten. Den Mürbeteig zu einem flachen Ziegel formen, in Folie wickeln und 1 Stunde kalt stellen.

2. Den Backofen auf 180 °C (Umluft 160 °C, Gas Stufe 2-3) vorheizen.

3. Für die Füllung Marzipanrohmasse in kleine Stücke zupfen.

4. In einer Schüssel Zucker, Eiweiß, gemahlene Mandeln, Bittermandelöl, Salz und Marzipan mit den Rührbesen des Handrührgeräts verrühren.

5. Mandelkerne grob hacken.

6. Tarteförmchen ganz dünn mit Butter fetten. Den Mürbeteig auf bemehlter Arbeitsfläche 3 bis 4 Millimeter dick ausrollen und 12 Kreise mit einem Durchmesser von 8 Zentimetern ausstechen. Tarteförmchen mit dem Mürbeteig auslegen.

7. Je 1 Esslöffel Mandelfüllung in die Mitte der Tarteförmchen verteilen und mit gehackten Mandeln bestreuen.

8. Mandeltörtchen im vorgeheizten Ofen auf unterster Schiene bei 180 °C 15 bis 18 Minuten backen.

*Die Italienischen Mandeltörtchen halten
sich luftdicht verpackt circa 10 Tage.*

Birnen-Ingwer-Pie

Ich liebe salzigen Mürbeteig, den man wunderbar für Tartes und flache Kuchen verwenden kann.
Dieser Pie ist ein herrlicher Kuchen zum Dessert für Birnen- und Ingwer-Liebhaber.

ZUTATEN FÜR 10 STÜCKE

FÜR DEN SALZIGEN MÜRBETEIG:
150 g kalte Butter
1 TL Salz
300 g Mehl
1 Ei (Kl. M)
40 ml kaltes Wasser
Butter für die Form

FÜR DIE FÜLLUNG:
1 kg mittelfeste Birnen
30 g frischer Ingwer
100 g Aprikosenkonfitüre
2 EL Rohrzucker

AUSSERDEM
1 Tarteform mit herausnehmbarem Boden
(28 cm ø) oder 1 normale Tarteform (das
Backpapier überstehen lassen und den Pie
samt Backpapier herausnehmen)

 *Zubereitungszeit 1 Stunde plus*
1 Stunde Kühlzeit und 45 Minuten Backzeit

ZUBEREITUNG

1. Für den Mürbeteig kalte Butter in dünne Scheiben schneiden. Butter, Salz und Mehl mit den Knethaken des Handrührgeräts verkneten. Ei und 40 Milliliter kaltes Wasser zugeben und mit den Händen zügig zu einem glatten Teig verkneten. Mürbeteig zu einem flachen Ziegel formen, in Folie wickeln und 1 Stunde kalt stellen.

2. Für die Füllung Birnen schälen, vierteln und die Kerngehäuse entfernen. Birnenviertel in 4 Millimeter dicke Scheiben schneiden.

3. Ingwer schälen und klein würfeln.

4. Birnenscheiben, Ingwer und Aprikosenkonfitüre in einen Topf geben, zum Kochen bringen und 5 Minuten köcheln lassen. (Weiche Birnen nur einmal aufkochen.) Das Kompott anschließend durch ein Sieb abgießen, den Saft auffangen und zur Seite stellen.

5. Den Backofen auf 180 °C (Umluft 160 °C, Gas Stufe 2-3) vorheizen.

6. Die Tarteform ganz dünn mit Butter fetten. Den Mürbeteig flach drücken (nicht kneten!) und auf bemehlter Arbeitsfläche 3 Millimeter dick ausrollen. Teig über die Tarteform legen, leicht andrücken und am Tarterand abschneiden.

7. Den restlichen Teig erneut ausrollen und 6 bis 7 Zentimeter große Kreise ausstechen.

8. Lauwarmes Kompott in der Tarteform verteilen und mit den ausgestochenen Kreisen belegen.

9. Birnen-Ingwer-Pie im vorgeheizten Ofen auf mittlerer Schiene bei 180 °C 30 Minuten backen. Pie aus dem Ofen nehmen, mit 150 Millilitern des aufgefangenen Safts bepinseln, mit dem Rohrzucker bestreuen und weitere 10 bis 15 Minuten backen. Anschließend den Pie auf einem Kuchengitter etwas abkühlen lassen.

10. Den Birnen-Ingwer-Pie lauwarm aus der Form nehmen und am besten gleich servieren.

Kürbiskern-Schnitten

*Meine selbst gemachten Powerriegel aus Kernen oder Nüssen und getrockneten Früchten —
das Beste für unsere süße Gesundheit.*

ZUTATEN FÜR 12 STÜCK

FÜR DEN MÜRBETEIG:
150 g kalte Butter
60 g Rohrzucker
1 Prise Salz
200 g Mehl

FÜR DEN BELAG:
150 g Zucker
100 g Honig
50 g Butter
100 g Sonnenblumenkerne
100 g Kürbiskerne
100 g getrocknete Kirschen
2 EL kernige Haferflocken

AUSSERDEM
Backpapier
1 verstellbarer Backrahmen oder
1 Auflaufform (ca. 20 x 30 cm)

*Zubereitungszeit 30 Minuten plus
1 Stunde Kühlzeit und 30 Minuten Backzeit*

ZUBEREITUNG

1. Für den Mürbeteig kalte Butter in dünne Scheiben schneiden. Butter, Rohrzucker und Salz mit den Knethaken des Handrührgeräts verkneten. Mehl zugeben und mit den Händen zügig zu einem glatten Teig verkneten. Mürbeteig zu einem flachen Ziegel formen, in Folie wickeln und 1 Stunde kalt stellen.

2. Den Backofen auf 180 °C (Umluft 160 °C, Gas Stufe 2-3) vorheizen. Ein Backblech mit Backpapier auslegen.

3. Den Mürbeteig auf bemehlter Arbeitsfläche auf eine Größe von 28 x 20 Zentimetern ausrollen. Teig auf das Backpapier legen, den Backrahmen darum stellen und an den Mürbeteig drücken. Alternativ eine Auflaufform von entsprechender Größe möglichst faltenfrei mit Backpapier auskleiden und den Mürbeteig hineinlegen.

4. Den Mürbeteigboden im vorgeheizten Ofen auf mittlerer Schiene bei 180 °C 15 Minuten zartbraun backen. Anschließend herausnehmen.

5. Für den Belag Zucker, Honig und Butter in einem Topf zum Kochen bringen und bei mittlerer Hitze 1 Minute köcheln lassen. Sonnenblumenkerne, Kürbiskerne und Kirschen zugeben und zum Kochen bringen. Anschließend von der Kochplatte nehmen und die Haferflocken unterrühren.

6. Die Masse gleichmäßig auf dem Mürbeteig verteilen und im vorgeheizten Ofen auf mittlerer Schiene bei 180 °C weitere 10 bis 15 Minuten backen.

7. Kürbiskern-Schnitten auf einem Kuchengitter abkühlen lassen, noch leicht warm aus dem Backrahmen schneiden und mit einem schweren Messer in 12 Stücke teilen.

*Die Kürbiskern-Schnitten halten sich
luftdicht verpackt circa 2 Wochen.*

Kleiner Apfel-Schmand-Kuchen

Apfelkuchen wärmt meine Seele. (Da denkt man sich so viele schöne neue Rezepte aus, und dann wollen alle immer nur Apfelkuchen!)

ZUTATEN FÜR 6 STÜCKE

FÜR DEN MÜRBETEIG:
80 g kalte Butter
40 g Zucker
1 Prise Salz
110 g Mehl
Butter für die Form

FÜR DIE FÜLLUNG:
450 g Äpfel

FÜR DEN GUSS:
200 g Schmand
40 g Vanillezucker (siehe Rezept Seite 18)
1 Ei (Kl. M)

AUSSERDEM
1 Springform (20 cm ∅)
Backpapier
Puderzucker

 *Zubereitungszeit 40 Minuten plus 30 Minuten Kühlzeit und 1 Stunde Backzeit*

ZUBEREITUNG

1. Für den Mürbeteig kalte Butter in dünne Scheiben schneiden. Butter, Zucker und Salz mit den Knethaken des Handrührgeräts verkneten. Mehl zugeben und mit den Händen zügig zu einem glatten Teig verkneten. Mürbeteig zu einem flachen Ziegel formen, in Folie wickeln und 30 Minuten kalt stellen.

2. Den Backofen auf 180 °C (Umluft 160 °C, Gas Stufe 2-3) vorheizen.

3. In die Springform ein Blatt Backpapier einspannen und den Rand dünn mit Butter fetten.

4. Den Mürbeteig auf dünn bemehlter Arbeitsfläche 5 Millimeter dick ausrollen. Einen Kreis mit einem Durchmesser von 19 Zentimetern ausschneiden und in die Springform legen. Aus dem restlichen Teig eine etwa 50 Zentimeter lange Rolle formen, in die Form an den Rand legen und 3,5 Zentimeter hoch drücken.

5. Für die Füllung Äpfel schälen, vierteln, die Kerngehäuse entfernen und jedes Viertel in drei Spalten schneiden. Apfelspalten in die Form schichten.

6. Den Kuchen im vorgeheizten Ofen auf mittlerer Schiene bei 180 °C 35 Minuten backen.

7. Für den Guss Schmand, Vanillezucker und Ei mit den Rührbesen des Handrührgeräts verrühren.

8. Den Kuchen aus dem Ofen nehmen. Schmandguss auf dem Kuchen verteilen und auf mittlerer Schiene bei 180 °C weitere 25 Minuten backen.

9. Den Apfel-Schmand-Kuchen auf einem Kuchengitter abkühlen lassen, noch leicht warm aus der Springform lösen und mit Puderzucker bestäuben.

Haltbarkeit … ich denke nicht, dass der Kuchen den nächsten Tag überlebt.

Blumenkekse mit Sti(e)l

Die Mürbeteigkekse sind die perfekten Mitbringsel. Und sie eignen sich prima für Kindergeburtstage.

ZUTATEN FÜR 40 STÜCK

FÜR DEN MÜRBETEIG:
200 g kalte Butter
100 g Zucker oder Puderzucker
1 Prise Salz
1 TL Zitronenzucker (siehe Rezept Seite 18)
1 Eigelb (Kl. M)
300 g Mehl

FÜR DIE DEKORATION:
150 g Zartbitter-Kuvertüre
1-2 EL bunte kleine Zuckerperlen

AUSSERDEM
Backpapier
Ausstechformen (z.B. Blume/Herz)
40 Lollistile (aus Holz oder Papier)

*Zubereitungszeit 1 Stunde 30 Minuten plus
1 Stunde Kühlzeit und 12 Minuten Backzeit*

*Das Bild zum Rezept finden Sie
auf Seite 6.*

ZUBEREITUNG

1. Für den Mürbeteig kalte Butter in dünne Scheiben schneiden. Butter, Zucker, Salz, Zitronenzucker und Eigelb mit den Knethaken des Handrührgeräts verkneten. Mehl zugeben und mit den Händen zügig zu einem glatten Teig verkneten, zu einem flachen Ziegel formen, in Folie wickeln und 1 Stunde kalt stellen.

2. Den Backofen auf 180 °C (Umluft 160 °C, Gas Stufe 2-3) vorheizen.

3. 2 Backbleche mit Backpapier auslegen.

4. Den Mürbeteig kurz verkneten und auf leicht bemehlter Arbeitsfläche 5 bis 6 Millimeter dick ausrollen. Anschließend Blumen und Herzen ausstechen.

5. Die Lollistiele mit etwas Abstand auf das Backpapier setzen. Ausgestochene Blumen und Herzen zu Zweidritteln auf den Stiel legen und leicht andrücken. Alternativ die Lollistiele behutsam in die Mürbeteigkekse schieben.

6. Die Kekse nacheinander im vorgeheizten Backofen auf mittlerer Schiene bei 180 °C 10 bis 12 Minuten backen.

7. Anschließend die Blumenkekse auf dem Backpapier vollständig auskühlen lassen.

8. Für die Dekoration Kuvertüre fein hacken und im Wasserbad unter Rühren schmelzen lassen.

9. Ausgekühlte Kekslollies in die Kuvertüre tauchen oder mit Kuvertüre besprenkeln und anschließend mit Zuckerperlen dekorieren. Blumenkekse mit Sti(e)l auf einem Stück Backpapier trocknen lassen.

Sesamcrumble mit Stachel- und Johannisbeeren

Die Kombination von noch warmen Mürbeteig-Streuseln — hier verfeinert mit Sesam — und frischem Obst ist für mich mit das Beste an englischem Kuchen.

ZUTATEN FÜR 12-14 STÜCKE

FÜR DEN STREUSELTEIG:
300 g weiche Butter
300 g Rohrzucker
½ TL Salz
¼ TL Hirschhornsalz (zur Not: Backpulver)
100 g Sesam (geschält oder ungeschält)
450 g Mehl
1 TL gemahlener Zimt

FÜR DIE FÜLLUNG:
250 g Crème fraîche
50 g Zucker
1 Ei (Kl. M)
250 g rote Johannisbeeren
350 g Stachelbeeren

AUSSERDEM
Backpapier
1 verstellbarer Backrahmen oder
1 tiefes Backblech

Zubereitungszeit 40 Minuten plus 50 Minuten Backzeit

ZUBEREITUNG

1. Den Backofen auf 180 °C (Umluft 160 °C, Gas Stufe 2-3) vorheizen.

2. Für die Streusel weiche Butter, Rohrzucker, Salz und Hirschhornsalz mit den Rührbesen des Handrührgeräts schaumig schlagen. Sesam, Mehl und Zimt mischen, zugeben und mit den Händen zügig zu Streuseln zerreiben.

3. Den Backrahmen auf ein mit Backpapier ausgelegtes Blech stellen und auf die Größe von 25 x 30 Zentimetern ziehen. Die Hälfte der Streusel im Backrahmen verteilen und festdrücken.

4. Den Boden im vorgeheizten Ofen auf mittlerer Schiene bei 180 °C 15 bis 20 Minuten zartbraun backen.

5. Für die Füllung Crème fraîche, Zucker und Ei in eine Schüssel geben und mit den Rührbesen des Handrührgeräts verrühren. Johannisbeeren und Stachelbeeren waschen, zupfen und verlesen. Sehr große Stachelbeeren halbieren.

6. Den Streuselboden nach der Backzeit aus dem Ofen nehmen und die Creme auf dem heißen Boden verstreichen. Die Beeren gleichmäßig aufstreuen. Dann die restlichen Streusel darüber verteilen.

7. Crumble im Ofen auf mittlerer Schiene bei 180 °C weitere 25 bis 30 Minuten backen.

8. Crumble auf einem Kuchengitter abkühlen lassen. Noch leicht warm aus dem Backrahmen schneiden und zum Servieren nach Belieben in Rechtecke teilen.

Der Sesamcrumble hält sich gut 2 bis 3 Tage.

TIPP
Zur Not kann der Crumble auch in einem tiefen Backblech gebacken werden, dann wird er jedoch flacher. Ich finde aber, einen verstellbaren Backrahmen sollte jeder Hobbybäcker haben!

Pink-Grapefruit-Tarte

Ich mag das leicht Bittere der Grapefruit und auch den Namen »Pink Grapefruit«.
Die Tarte schmeckt aber auch mit Orangen- oder Passionsfruchtsaft lecker!

ZUTATEN FÜR 10 STÜCKE

FÜR DEN MÜRBETEIG:
100 g kalte Butter
1 Prise Salz
50 g Zucker
1 Eigelb (Kl. M)
150 g Mehl

FÜR DIE FÜLLUNG:
300 ml Pink Grapefruitsaft
50 g Butter
100 g Zucker
2 Eigelbe (Kl. M)
2 Eier (Kl. M)
1 Päckchen Vanille-Puddingpulver
150 g Joghurt

FÜR GUSS UND DEKORATION:
150 ml Pink Grapefruitsaft (evtl. zusätzlich
einige Tropfen pinke Speisefarbe)
1 TL klarer Tortenguss
1 gehäufter TL Zucker
einige Physalis oder 1 Pink Grapefruit
einige frische Melisseblättchen

AUSSERDEM
Backpapier
1 Tarteform oder 1 Pizzablech (26 cm ∅)
500 g Erbsen oder Linsen (zum Blindbacken)

Zubereitungszeit 50 Minuten plus
2 Stunden Kühlzeit und 20 Minuten Backzeit

ZUBEREITUNG

1. Für den Mürbeteig kalte Butter in dünne Scheiben schneiden. Butter, Salz, Zucker und Eigelb mit den Knethaken des Handrührgeräts verkneten. Mehl zugeben und mit den Händen zügig zu einem glatten Teig verkneten. Mürbeteig zu einem flachen Ziegel formen, in Folie wickeln und 1 Stunde kalt stellen.

2. Den Backofen auf 180 °C (Umluft 160 °C, Gas Stufe 2-3) vorheizen.

3. Den Mürbeteig auf leicht bemehlter Arbeitsfläche ausrollen, einen Kreis mit einem Durchmesser von 30 Zentimetern ausschneiden. Die Tarteform mit dem Mürbeteig auslegen. Aus Backpapier einen Kreis mit einem Durchmesser von 34 Zentimetern ausschneiden, darauflegen und mit Hülsenfrüchten zum Blindbacken bedecken.

4. Die Tarte im vorgeheizten Ofen auf mittlerer Schiene bei 180 °C 8 bis 10 Minuten blind backen. Die Hülsenfrüchte mitsamt dem Backpapier entfernen, damit auch der Boden zartbraun wird, dann weitere 10 Minuten backen. Tarte auf einem Kuchengitter vollständig auskühlen lassen, anschließend vorsichtig aus der Form nehmen.

5. Für die Füllung 250 Milliliter Grapefruitsaft, Butter und 50 Gramm Zucker zum Kochen bringen.

6. 50 Milliliter Saft, Eigelbe, Eier, Puddingpulver und 50 Gramm Zucker mit einem Schneebesen verschlagen und unter Rühren in den kochenden Saft gießen. Weiterrühren und 1 Minute kochen lassen.

7. Topf von der Kochplatte nehmen. Den Joghurt unterrühren. Heiße Grapefruitmasse sofort in die Mürbeteigtarte gießen, gleichmäßig verstreichen und auskühlen lassen.

8. Für den Guss Grapefruitsaft mit Tortengusspulver und Zucker verrühren und unter Rühren in einem Topf zum Kochen bringen. Vom Herd nehmen und mit einem Pinsel auf der Tarte verteilen. Tarte mit Physalis oder Grapefruitscheiben und Melisse garnieren.

Die Tarte sollte im Kühlschrank lagern und innerhalb
von 24 Stunden aufgegessen werden!

Beerentartelettes

Meine knusprigen Mürbeteigtartelettes mit Pudding und Früchten sind immer als erstes weg!

ZUTATEN FÜR 12 STÜCK

FÜR DEN MÜRBETEIG:

100 g kalte Butter
1 Prise Salz
1 Messerspitze Hirschhornsalz oder Backpulver
50 g Zucker
150 g Mehl
Butter für die Form

FÜR DEN PUDDING:

250 ml Milch
1 EL Vanillezucker (siehe Rezept Seite 18)
1 EL Zucker
½ Päckchen Vanille-Puddingpulver (20 g)
80 g kalte Butter

FÜR DEN BELAG:

500 g frische Beeren (Himbeeren, Blaubeeren, Erdbeeren, Brombeeren)

AUSSERDEM

12 Tartaletteförmchen (7-8 cm ø)
1 Spritzbeutel mit Lochtülle (8 mm ø)

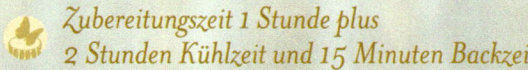

Zubereitungszeit 1 Stunde plus 2 Stunden Kühlzeit und 15 Minuten Backzeit

ZUBEREITUNG

1. Für den Mürbeteig kalte Butter in dünne Scheiben schneiden. Butter, Salz, Hirschhornsalz und Zucker mit den Knethaken des Handrührgeräts verkneten. Mehl zugeben und mit den Händen zügig zu einem glatten Teig verkneten. Mürbeteig zu einem flachen Ziegel formen, in Folie wickeln und 1 Stunde kalt stellen.

2. Den Backofen auf 180 °C (Umluft 160 °C, Gas Stufe 2-3) vorheizen.

3. Für den Pudding Milch, Vanillezucker, Zucker und Puddingpulver in einem kleinen Topf mit dem Schneebesen verrühren. Die Mischung unter Rühren zum Kochen bringen und kurz kochen lassen.

4. Den heißen Pudding in eine Schüssel umfüllen, Butter in kleine Würfel schneiden und unterrühren, bis keine Butterklümpchen mehr zu sehen sind. Pudding mit Folie abdecken und kalt stellen.

5. Tarteletteförmchen ganz dünn mit Butter fetten. Den Mürbeteig auf bemehlter Arbeitsfläche 4 Millimeter dick ausrollen, auf die Förmchen legen und mit dem Rollholz einmal über den Mürbeteig rollen, bis die Ränder der Förmchen zu sehen sind. Teig andrücken.

6. Tartelettes auf ein Backblech setzen und im vorgeheizten Ofen auf mittlerer Schiene bei 180 °C 12 bis 15 Minuten goldbraun backen. Tartelettes anschließend lauwarm aus den Förmchen nehmen und auf einem Kuchengitter auskühlen lassen.

7. Die Beeren waschen, putzen und verlesen. Gut abtropfen lassen. Größere Erdbeeren halbieren oder vierteln.

8. Den abgekühlten Pudding einmal durchrühren und in einen Spritzbeutel mit Lochtülle füllen. Auf jedes Mürbeteigtartelette einen dicken Tupfen Pudding spritzen. Anschließend die Törtchen dicht mit Beeren belegen.

Die belegten Tartelettes sollten gleich gegessen werden. Die Mürbeteigtartelettes halten sich luftdicht verpackt etwa 1 ½ Wochen.

Käsekuchen-Minis

Eine kleine Käsekuchenvariante, die Hälfte zum Verschenken und die andere Hälfte zum Selbstnaschen.

ZUTATEN FÜR 12 STÜCK

FÜR DEN MÜRBETEIG:
60 g kalte Butter
25 g Zucker
75 g Mehl

FÜR DIE FÜLLUNG:
500 g Magerquark
25 g Weichweizengrieß
1 EL Orangenzucker (siehe Rezept Seite 18)
100 g Sahne
2 Eier (Kl. M)
25 g Zartbitter-Schokoladenraspeln
3 EL Zucker
1 reife, große Banane oder
150 g Sauerkirschen aus dem Glas

AUSSERDEM
1 Muffinblech
12 Papierförmchen

*Zubereitungszeit 40 Minuten plus
15 Minuten Kühlzeit und 40 Minuten Backzeit*

ZUBEREITUNG

1. Für den Mürbeteig kalte Butter in dünne Scheiben schneiden. Butter, Zucker und Mehl mit den Händen zügig zu einem glatten Teig verkneten. Mürbeteig zu einem flachen Ziegel formen, in Folie wickeln und 15 Minuten kalt stellen.

2. Den Backofen auf 180 °C (Umluft 160 °C, Gas Stufe 2-3) vorheizen.

3. Das Muffinblech mit Papierförmchen auslegen.

4. Den Mürbeteig auf bemehlter Arbeitsfläche 3 Millimeter dick ausrollen und 12 Kreise mit einem Durchmesser von 5,5 Zentimetern ausstechen.

5. Mürbeteigkreise in die Papierförmchen legen. Mürbeteigböden im vorgeheizten Ofen auf mittlerer Schiene bei 180 °C 10 Minuten zartbraun backen.

6. Für die Füllung Quark, Grieß, Orangenzucker, Sahne, Eier, Schokoraspeln und Zucker in eine Schüssel geben. Mit dem Schneebesen klümpchenfrei verrühren.

7. Die Banane schälen und in dünne Scheiben schneiden. In jedes Förmchen 1 bis 2 Bananenscheibchen oder 3 bis 4 Kirschen auf den Mürbeteigboden legen. Anschließend die Quarkmasse gleichmäßig darauf verteilen.

8. Käseküchlein im Ofen auf mittlerer Schiene bei 180 °C 25 bis 30 Minuten backen. Muffinblech auf ein Kuchengitter stellen und etwas abkühlen lassen.

9. Die Käsekuchen-Minis noch warm aus der Form nehmen und auf dem Kuchengitter vollständig auskühlen lassen.

*Die Küchlein schmecken frisch am besten und halten
sich 2 Tage.*

Hefeteig

Hefeteig braucht viel Zeit – macht dafür aber nicht viel Arbeit!

Hefeteiggebäck schmeckt frisch immer am besten. Frieren Sie ein Stück Kuchen besser ein, als es länger als einen Tag aufzuheben. Darüber hinaus freut sich Hefeteig über zimmerwarme Zutaten, bei kühler Raumtemperatur ruht er sich gerne aus. Ich nehme immer frische Hefe, da ich allein schon den Geruch der Hefe sehr mag! Die Teige klappen auch mit Trockenhefe, es kann nur sein, dass der Teig etwas mehr Zeit und 1 bis 2 Esslöffel mehr Flüssigkeit braucht.

WIE LANGE MUSS DER HEFETEIG GEHEN?

Darauf gibt es leider keine genaue Antwort, da es immer von der Raumtemperatur und dem Wetter abhängig ist – im Sommer geht es beispielsweise schneller als im Winter. »Gut gegangen« ist ein Hefeteig, wenn er deutlich größer geworden ist und sich wie ein weicher, trockener Schwamm anfühlt. Wenn man einen kleinen Vorteig macht, vermehrt sich die Hefe besonders gut und gibt später einen feinen Geschmack.

KNETEN, AUSROLLEN UND FORMEN

Nachdem der Hefeteig ausgiebig – mindestens 5 Minuten – geknetet wurde, kommt das Ausrollen oder Formen, und hier braucht man Geduld. Jetzt darf man den Teig nicht mehr kneten! Er wird nur noch in die richtige Form gebracht. Und: Er braucht zwischendurch immer wieder Zeit, um sich zu entspannen. Wenn man zu schnell arbeitet, bekommt er Risse (Orangenhaut) und zieht sich wieder zusammen, d.h. er wird dann fester und verliert seine Geschmeidigkeit. Wenn das Gebäck fertig geformt ist, sollte man es mit Wasser bepinseln, damit der Teig nicht austrocknet, und wer es kräftig braun mag, verwendet einfach Milch statt Wasser. Dann lässt man das Gebäck an einem warmen Ort gehen. Je nach Raumtemperatur braucht es noch einmal ungefähr 1 Stunde, um größer zu werden. Das Gebäckstück soll sich, bevor man es in den Ofen schiebt, sehr weich und fluffig anfühlen und sollte deutlich größer geworden sein.

Hefezopf-Grundrezept

Keine Angst vor Hefeteig — er lebt und erledigt seine Arbeit praktisch von selbst.

ZUTATEN FÜR 2 ZÖPFE

FÜR DEN HEFETEIG:
450 g Mehl
20 g frische Hefe
200 ml zimmerwarme Milch
2 Eier (Kl. M)
30 g Zucker
1 gestrichener TL Salz
60 g zimmerwarme Butter
Mehl zum Bestäuben

AUSSERDEM
Backpapier

 *Zubereitungszeit 20 Minuten plus 2 Stunden 30 Minuten Gehzeit und 35 Minuten Backzeit*

ZUBEREITUNG

1. Für den Hefeteig Mehl in eine Schüssel geben und eine Mulde in das Mehl drücken. Hefe in die Mulde bröseln und mit 50 Milliliter Milch verrühren. Den Hefeansatz mit Mehl bedecken, die Schüssel mit einem Geschirrtuch zudecken und den Vorteig 30 Minuten gehen lassen.

2. 150 Milliliter Milch, Eier, Zucker, Salz und Butter zugeben und mit den Knethaken des Handrührgeräts (oder in einer Küchenmaschine) ausgiebig (5 Minuten) verkneten.

3. Hefeteigschüssel nochmals abdecken und den Teig bei Zimmertemperatur gut 1 Stunde gehen lassen.

4. Ein Backblech mit Backpapier auslegen.

5. Hefeteig auf eine mit Mehl bestäubte Arbeitsfläche legen, etwas flach drücken und in sechs Teile teilen. Die Teigstücke zu 30 Zentimeter langen Rollen formen. Aus je 3 Teigrollen einen Zopf flechten und die Zopfenden gut zusammendrücken. Zöpfe auf das Backpapier legen, mit Wasser bepinseln und bei Raumtemperatur circa 1 Stunde gehen lassen.

6. Den Backofen auf 180 °C (Umluft 160 °C, Gas Stufe 2-3) vorheizen.

7. Die Hefezöpfe ein weiteres Mal mit Wasser bepinseln und im vorgeheizten Ofen auf mittlerer Schiene bei 180 °C 30 bis 35 Minuten goldbraun backen.

TIPP

Hefeteig ruht sich gerne aus. Darum immer wieder Pausen machen, damit sich der Teig entspannen kann. Anschließend lässt sich der Teig wieder gut rollen.
Wer möchte, knetet noch 60 Gramm Sultaninen unter den Hefeteig.

Zopf mit Nuss-Apfel-Füllung

Dank der Füllung wird der Zopf schön saftig, köstlich!

ZUTATEN FÜR 2 ZÖPFE

FÜR DEN HEFETEIG:
450 g Mehl
20 g frische Hefe
200 ml zimmerwarme Milch
2 Eier (Kl. M)
30 g Zucker
1 gestrichener TL Salz
60 g zimmerwarme Butter
Mehl zum Bestäuben

FÜR DIE FÜLLUNG:
200 g Äpfel
75 g Honig
1 Ei (Kl. M)
100 g gemahlene Haselnüsse

AUSSERDEM
Backpapier

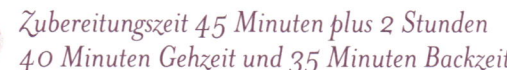 *Zubereitungszeit 45 Minuten plus 2 Stunden
40 Minuten Gehzeit und 35 Minuten Backzeit*

ZUBEREITUNG

1. Für den Hefeteig Mehl in eine Schüssel geben und eine Mulde in das Mehl drücken. Hefe in die Mulde bröseln und mit 50 Milliliter Milch verrühren. Den Hefeansatz mit Mehl bedecken, die Schüssel mit einem Geschirrtuch zudecken und den Vorteig 30 Minuten gehen lassen.

2. 150 Milliliter Milch, Eier, Zucker, Salz und Butter zum Vorteig geben und mit den Knethaken des Handrührgeräts (oder in einer Küchenmaschine) ausgiebig (5 Minuten) verkneten. Hefeteigschüssel nochmals abdecken und den Teig bei Zimmertemperatur gut 1 Stunde gehen lassen.

3. Für die Füllung Äpfel vierteln, schälen und das Kerngehäuse entfernen. Äpfel grob raspeln. Apfelraspeln mit Honig, Ei und den gemahlenen Haselnüssen gut verrühren.

4. Hefeteig auf eine mit Mehl bestäubte Arbeitsfläche legen, etwas flach drücken, in 2 Teile teilen und je zu einem 30 Zentimeter großen Quadrat ausrollen.

5. Die Füllung auf den Teigen verteilen und aufrollen. Teigrollen 10 Minuten ruhen lassen.

6. Ein Backblech mit Backpapier auslegen.

7. Teigrollen mit einem großen Messer längs halbieren und mit der Schnittseite nach oben ineinanderflechten. Zöpfe auf das Backpapier setzen, mit Wasser bepinseln und an einem warmen Ort etwa 1 Stunde gehen lassen.

8. Den Backofen auf 180 °C (Umluft 160 °C, Gas Stufe 2-3) vorheizen.

9. Die Zöpfe noch mal mit Wasser bepinseln und im vorgeheizten Ofen auf mittlerer Schiene bei 180 °C 30 bis 35 Minuten backen.

TIPP
Hefeteig lässt sich auch prima am Vortag herstellen. Einfach am Abend zubereiten und zum Gehen über Nacht abgedeckt in den Kühlschrank stellen.

Frühstücks-Gesichter

Die lustigen Hefeteigbrötchen sorgen nicht nur bei Kindern für einen fröhlichen Tagesbeginn, sondern sind auch das perfekte Mitbringsel für jeden Brunch.

ZUTATEN FÜR 8 STÜCK

FÜR DEN HEFETEIG:
450 g Mehl
20 g frische Hefe
200 ml zimmerwarme Milch
1 EL Zucker
2 Eier (Kl. M)
1 TL Vanillezucker (siehe Rezept Seite 18)
1 TL Zitronenzucker (siehe Rezept Seite 18)
1 gestrichener TL Salz
80 g zimmerwarme Butter
Mehl zum Bestäuben

FÜR DEN BELAG:
16 kleine Sultaninen

AUSSERDEM
Backpapier
1 Lochtülle (10 mm ø)

 Zubereitungszeit 50 Minuten plus 2 Stunden 30 Minuten Gehzeit und 18 Minuten Backzeit

ZUBEREITUNG

1. Für den Hefeteig Mehl in eine Schüssel geben und eine Mulde in das Mehl drücken. Hefe in die Mulde bröseln und mit 50 Milliliter Milch verrühren. Den Hefeansatz mit Mehl bedecken, die Schüssel mit einem Geschirrtuch zudecken und den Vorteig 30 Minuten gehen lassen.

2. 150 Milliliter Milch, Zucker, Eier, Vanillezucker, Zitronenzucker, Salz und Butter zugeben und mit den Knethaken des Handrührgeräts (oder in einer Küchenmaschine) ausgiebig (5 Minuten) verkneten. Hefeteigschüssel nochmals abdecken und den Teig bei Zimmertemperatur gut 1 Stunde gehen lassen.

3. Hefeteig auf eine mit Mehl bestäubte Arbeitsfläche legen, etwas flach drücken und mit dem Rollholz 1 Zentimeter dick ausrollen. Den Teig beim Ausrollen immer mal wieder drehen und anheben. Hefeteig ausgerollt 5 Minuten ruhen lassen.

4. Ein Backblech mit Backpapier auslegen.

5. 8 Kreise mit einem Durchmesser von 10 Zentimetern ausstechen, auf das Backpapier legen und mit Wasser bepinseln.

6. Restlichen Teig etwas verkneten und wieder dünn ausrollen. Für die Schweinchen Nasen (6 Zentimeter ø) ausstechen. Die Nasenlöcher mit einer Lochtülle ausstechen. Aus dem restlichen Teig Dreiecke für die Ohren ausschneiden.

7. Nase und Ohren auf die Teigkreise legen und etwas andrücken. Für die Gesichter Nasen (4 Zentimeter ø) ausstechen. Aus dem restlichen Teig Mund und Haare formen, anlegen und andrücken.

8. Gesichter anschließend dünn mit Wasser bepinseln und bei Raumtemperatur 1 Stunde gehen lassen.

9. Den Backofen auf 180 °C (Umluft 160 °C, Gas Stufe 2-3) vorheizen.

10. Sultaninen als Augen fest in den Teig drücken, alle Gesichter nochmals dünn mit Wasser oder Milch bepinseln und im vorgeheizten Ofen auf mittlerer Schiene bei 180 °C 15 bis 18 Minuten goldbraun backen.

Buchteln mit Aprikosenfüllung

Buchteln (oder auch Rohrnudeln genannt) gab es bei uns zu Hause auch gerne mal zum Abendbrot —
sehr zur Freude von uns Kindern.

ZUTATEN FÜR 12 STÜCK

FÜR DEN HEFETEIG:
450 g Mehl
25 g frische Hefe
50 ml zimmerwarme Milch
200 g zimmerwarme Sahne
2 Eigelbe (Kl. M)
30 g Rohrzucker
1 gestrichener TL Salz
50 g zimmerwarme Butter
Mehl zum Bestäuben

FÜR DIE FÜLLUNG:
150 g getrocknete Aprikosen
75 g gehobelte Mandeln
50 g Marzipanrohmasse
75 ml kochendes Wasser

FÜR DIE FORM:
75 g Butter
1 EL Zucker
150 ml Milch

AUSSERDEM
1 Auflaufform (ca. 30 x 20 cm)

 Zubereitungszeit 45 Minuten plus 2 Stunden
30 Minuten und 35 Minuten Backzeit

ZUBEREITUNG

1. Für den Hefeteig Mehl in eine Schüssel geben und eine Mulde in das Mehl drücken. Hefe in die Mulde bröseln und mit 50 Milliliter Milch verrühren. Den Hefeansatz mit Mehl bedecken, die Schüssel zudecken und den Vorteig 30 Minuten gehen lassen.

2. Getrocknete Aprikosen in dünne Scheiben schneiden. Von den Mandeln 1 Esslöffel zur Seite stellen. Die restlichen Mandeln in einer Pfanne ohne Fett goldbraun rösten. Marzipan klein zupfen.

3. Aprikosen, geröstete Mandeln und Marzipan in eine Schüssel geben und mit 75 Milliliter kochendem Wasser übergießen.

4. Sahne, Eigelbe, Rohrzucker, Salz und Butter zum Hefeansatz geben. Mit den Knethaken des Handrührgeräts (oder in einer Küchenmaschine) ausgiebig (5 Minuten) verkneten. Hefeteigschüssel abdecken und den Teig bei Zimmertemperatur gut 1 Stunde gehen lassen.

5. Hefeteig auf eine mit Mehl bestäubte Arbeitsfläche legen, etwas flach drücken und auf eine Größe von 30 x 40 Zentimetern ausrollen. Teig kurz ruhen lassen und dann in 12 gleich große Stücke schneiden.

6. Aprikosenfüllung durchrühren und gleichmäßig auf die Mitte der Teigquadrate verteilen. Teigecken über der Füllung fest zusammendrücken, sodass ein kleines verschlossenes Täschchen entsteht.

7. Eine Auflaufform dick mit Butter ausfetten und mit Zucker ausstreuen. Buchteln mit der glatten Seite nach oben locker in die Form setzen, mit der Milch begießen und mit den restlichen Mandeln bestreuen. An einem warmen Ort 1 Stunde gehen lassen.

8. Den Backofen auf 180 °C (Umluft 160 °C, Gas Stufe 2-3) vorheizen.

9. Buchteln im vorgeheizten Ofen auf mittlerer Schiene bei 180 °C 30 bis 35 Minuten goldbraun backen.

Buchteln schmecken am besten warm
mit Vanillesauce oder Vanilleeis.

Zwetschgendatschi mit Zimtstreuseln

Wenn ich meinen Zwetschgendatschi backe, ist das ein deutliches Zeichen dafür, dass ich mich langsam aber sicher auf den Herbst freue!

ZUTATEN FÜR 12-16 STÜCKE

FÜR DEN HEFETEIG:
350 g Mehl
150 ml zimmerwarme Milch
1 Ei (Kl. M)
2 EL Vanillezucker (siehe Rezept Seite 18)
2 Prisen Salz
125 g zimmerwarme Butter
20 g frische Hefe
Mehl zum Bestäuben
Butter fürs Blech

FÜR DEN BELAG:
1250 g Zwetschgen oder Pflaumen

FÜR DIE STREUSEL:
100 g zimmerwarme Butter
100 g Rohrzucker
1 Prise Salz
175 g Dinkelmehl
1 TL gemahlener Zimt

 *Zubereitungszeit 1 Stunde plus 3 Stunden Gehzeit und 45 Minuten Backzeit*

ZUBEREITUNG

1. Für den Hefeteig Mehl, Milch, Ei, Vanillezucker, Salz und Butter in eine Schüssel geben. Die Hefe darauf zerbröseln und mit den Knethaken des Handrührgeräts (oder in einer Küchenmaschine) ausgiebig (5 Minuten) verkneten. Hefeteigschüssel mit einem Geschirrtuch abdecken und den Teig bei Zimmertemperatur gut 1 bis 2 Stunden gehen lassen.

2. Für den Belag die Zwetschgen waschen, trocknen und mit einem Pflaumenentsteiner oder Messer entsteinen.

3. Für die Streusel weiche Butter, Rohrzucker und Salz mit den Rührbesen des Handrührgeräts schaumig schlagen. Mehl und Zimt zugeben und mit den Händen zu Streuseln zerreiben.

4. Hefeteig auf eine mit Mehl bestäubte Arbeitsfläche legen, etwas flach drücken und auf Backblechgröße ausrollen. Backblech mit Butter fetten und den Hefeteig auf das Blech legen.

5. Zwetschgen dicht an dicht auf den Hefeteig legen und mit den Streuseln bestreuen. Zwetschendatschi an einem warmen Ort 1 Stunde gehen lassen.

6. Den Backofen auf 180 °C (Umluft 160 °C, Gas Stufe 2-3) vorheizen.

7. Zwetschgendatschi im vorgeheizten Ofen auf mittlerer Schiene bei 180 °C 35 bis 45 Minuten backen.

Zwetschgendatschi schmeckt warm direkt vom Blech mit frisch geschlagener Sahne am besten.

TIPP

Die Backzeit hängt etwas davon ab, wie dick und saftig die Früchte sind. Um zu prüfen, ob der Teig durchgebacken ist, hebe ich den Kuchen am Rand mit einem Messer hoch und schaue nach, ob der Boden unter den Zwetschgen schon schön braun aussieht.

Brioche

Brioche sind einfach unwiderstehlich! Wer in Frankreich einmal Brioche gegessen hat, kann gar nicht anders, als sie zu Hause nachzubacken!

ZUTATEN FÜR 12 STÜCK

FÜR DEN HEFETEIG:
300 g Mehl
15 g frische Hefe
125 ml zimmerwarme Milch
2 Eigelbe (Kl. M)
1 Ei (Kl. M)
1 EL Vanillezucker (siehe Rezept Seite 18)
½ gestrichener TL Salz
125 g kalte Butter
Mehl zum Bestäuben
Milch zum Bepinseln

AUSSERDEM
1 Muffinblech
12 Papierförmchen

 Zubereitungszeit 50 Minuten plus 5–8 Stunden Gehzeit und 22 Minuten Backzeit

ZUBEREITUNG

1. Für den Hefeteig Mehl in eine Schüssel geben und eine Mulde in das Mehl drücken. Hefe in die Mulde bröseln und mit 50 Milliliter Milch verrühren. Den Hefeansatz mit Mehl bedecken, die Schüssel mit einem Geschirrtuch zudecken und den Vorteig 30 Minuten gehen lassen.

2. 75 Milliliter Milch, Eigelbe, Ei, Vanillezucker und Salz zugeben und mit den Knethaken des Handrührgeräts (oder in einer Küchenmaschine) verkneten. Butter in kleine Würfel schneiden und nach und nach zugeben und den Teig gut 5 Minuten weiterkneten. Der Teig bleibt relativ klebrig.

3. Den Hefeteig mit Mehl bestäuben, abdecken und 3 bis 4 Stunden (gerne auch über Nacht) in den Kühlschrank stellen.

4. Muffinblech mit Papierförmchen auslegen.

5. Hefeteig auf eine mit Mehl bestäubte Arbeitsfläche legen und etwas flach drücken. 12 Teigstücke à 45 Gramm zu Kugeln formen, in die Papierförmchen setzen und mit den Fingern eine tiefe Mulde in die Mitte drücken.

6. Den restlichen Teig in 12 Teile schneiden und zu kleinen, leicht spitz zulaufenden Kugeln rollen. Die Mulde in den großen Kugeln etwas vertiefen und in jede eine kleine Teigkugel setzen. Anschließend Brioche dünn mit Wasser bepinseln und an einem warmen Ort gut 1 Stunde gehen lassen.

7. Den Backofen auf 180 °C (Umluft 160 °C, Gas Stufe 2-3) vorheizen.

8. Brioche dünn mit Milch bepinseln und im vorgeheizten Ofen auf mittlerer Schiene bei 180 °C 20 bis 22 Minuten goldbraun backen. Brioches noch warm aus der Form nehmen und auf einem Kuchengitter abkühlen lassen.

Lauwarm schmecken Brioche mit Butter und Marmelade am besten. Sie lassen sich aber auch gut einfrieren und für das Sonntagsfrühstück frisch aufbacken.

Bienenstich-Torte

Innen wunderbar cremig, außen knabber-knusprig. Der klassische Blechkuchen, hier rund als Torte!

ZUTATEN FÜR 8-10 STÜCKE

FÜR DEN HEFETEIG:
225 g Mehl
125 ml zimmerwarme Milch
1 Eigelb (Kl. M)
1 EL Vanillezucker (siehe Rezept Seite 18)
1 Prise Salz
20 g zimmerwarme Butter
20 g frische Hefe
Mehl zum Bestäuben
Butter für die Form

FÜR DEN BELAG:
60 g Zucker
50 g Honig
50 g Butter
25 g Sahne
50 g gehackte Haselnüsse (oder Mandeln)
50 g Cornflakes

FÜR DIE FÜLLUNG:
1 Päckchen Vanille-Puddingpulver
500 ml Milch
30 g Zucker
1 Eiweiß (Kl. M)

AUSSERDEM
1 Springform (26 cm ø)
1 verstellbarer Tortenring

 Zubereitungszeit 50 Minuten plus 2 Stunden Gehzeit plus 1 Stunde 30 Minute Kühlzeit und 25 Minuten Backzeit

ZUBEREITUNG

1. Für den Hefeteig Mehl, Milch, Eigelb, Vanillezucker, Salz und Butter in eine Schüssel geben. Die Hefe darauf zerbröseln und mit den Knethaken des Handrührgeräts (oder in einer Küchenmaschine) ausgiebig (5 Minuten) verkneten. Die Schüssel mit einem Geschirrtuch abdecken und den Teig bei Zimmertemperatur gut 1 Stunde gehen lassen.

2. Für den Belag Zucker, Honig, Butter und Sahne zum Kochen bringen und 2 Minuten kochen lassen. Haselnüsse und Cornflakes unterrühren und von der Herdplatte nehmen.

3. Hefeteig auf eine mit Mehl bestäubte Arbeitsfläche legen, etwas flach drücken und auf einen Durchmesser von 26 Zentimetern rund ausrollen.

4. Springform mit Butter fetten, den Hefeteig hineinlegen und die lauwarme Bienenstichmasse gleichmäßig darauf verteilen. Bienenstich knapp 1 Stunde gehen lassen.

5. Den Backofen auf 180 °C (Umluft 160 °C, Gas Stufe 2-3) vorheizen.

6. Bienenstich im vorgeheizten Ofen auf mittlerer Schiene bei 180 °C 20 bis 25 Minuten goldbraun backen. Auf einem Kuchengitter abkühlen lassen und lauwarm aus der Springform schneiden.

7. Ausgekühlten Bienenstich waagerecht halbieren. Den knusprigen Deckel in 8 bis 10 Stücke schneiden.

8. Für die Füllung den Vanillepudding mit der Milch und 1 Esslöffel Zucker nach Packungsanweisung zubereiten. Eiweiß und restlichen Zucker mit den Rührbesen des Handrührgeräts steif schlagen und mit einem Schneebesen unter den heißen Pudding heben.

9. Einen verstellbaren Tortenring um den Bienenstichboden stellen. Den heißen Pudding darauf verteilen, glatt streichen und den in Stücke geschnittenen Deckel auf den Pudding setzen. Bienenstich-Torte 1 Stunde kalt stellen und dann servieren.

Frühstücksei mit Quark

So sieht ein Frühstücksei à la Christine aus: cholesterin- und fettfrei und oooooberlecker!

ZUTATEN FÜR 9-10 STÜCK

FÜR DEN HEFETEIG:
250 g Mehl
20 g frische Hefe
50 ml zimmerwarme Milch
150 g Magerquark
1 Ei (Kl. M)
1 TL Zitronenzucker (siehe Rezept Seite 18)
1 EL Zucker
1 Prise Salz
Mehl zum Bestäuben

FÜR DEN BELAG:
1 kleine Dose Aprikosen

FÜR DEN GUSS:
100 g Puderzucker
1-2 EL Zitronensaft oder Saft von den
Aprikosen

 *Zubereitungszeit 30 Minuten plus 2 Stunden
Gehzeit und 15 Minuten Backzeit*

ZUBEREITUNG

1. Für den Hefeteig Mehl in eine Schüssel geben und Hefe auf das Mehl bröseln. Milch, Quark, Ei, Zitronenzucker, Zucker und Salz zugeben und mit den Knethaken des Handrührgeräts (oder in einer Küchenmaschine) gut 5 Minuten verkneten. Die Schüssel mit einem Geschirrtuch abdecken und den Teig gut 1 Stunde gehen lassen.

2. Hefeteig auf eine mit Mehl bestäubte Arbeitsfläche legen, etwas flach drücken und 8 Millimeter dick ausrollen. Den Teig kurz entspannen lassen.

3. Ein Backblech mit Backpapier auslegen.

4. Kreise mit einem Durchmesser von 8 Zentimetern aus dem Teig ausstechen. Restlichen Teig wieder ausrollen und den Vorgang wiederholen, bis der Teig verbraucht ist. Teigkreise etwas in die Länge ziehen, bis sie eine Eiform haben, und auf das Backpapier legen.

5. Aprikosen abtropfen lassen, den Saft dabei auffangen. Auf jedes Teigstück eine Aprikose setzen, das »Ei« mit Aprikosensaft bepinseln und an einem warmen Ort 1 Stunde gehen lassen.

6. Den Backofen auf 180 °C (Umluft 160 °C, Gas Stufe 2-3) vorheizen.

7. Die Gebäckstücke dünn mit Aprikosensaft bepinseln und im vorgeheizten Ofen auf mittlerer Schiene bei 180 °C 12 bis 15 Minuten zartbraun backen.

8. Für den Guss den Puderzucker mit Zitronensaft oder mit etwas Saft von den Aprikosen zu einer dickflüssigen Glasur verrühren. Die Frühstückseier damit bepinseln.

9. Sobald der Zuckerguss fest ist, die Frühstückseier servieren.

Küchel und Krapfen

Zweimal im Jahr, zu Silvester und Fasching, haben wir in meinem bayerischen Lehrbetrieb Krapfen (Berliner) gebacken, und an Kirchweih gab es immer Küchel. Regelmäßig bekam ich Bauchweh vom Naschen!

ZUTATEN FÜR 12 STÜCK

FÜR DEN HEFETEIG:
300 g Mehl
20 g frische Hefe
150 ml zimmerwarme Milch
2 Eigelbe (Kl. M)
1 TL Zucker
1 TL Zitronenzucker (siehe Rezept Seite 18)
1 TL Vanillezucker (siehe Rezept Seite 18)
1 gestrichener TL Salz
25 g zimmerwarme Butter
3 EL Rum (alternativ 3 EL Milch)
Mehl zum Bestäuben
2-3 EL Puderzucker

FÜR DIE KRAPFENFÜLLUNG:
200 g Zwetschgenmus

AUSSERDEM
1-1,5 kg neutrales Speisefett zum Frittieren
1 Spritzbeutel mit Lochtülle (3 mm ø)

 Zubereitungszeit 50 Minuten plus 2 Stunden 30 Minuten Gehzeit und etwa 15 Minuten Backzeit

ZUBEREITUNG

1. Für den Hefeteig Mehl in eine Schüssel geben und eine Mulde in das Mehl drücken. Hefe in die Mulde bröseln und mit 50 Milliliter Milch verrühren. Den Hefeansatz mit Mehl bedecken, die Schüssel zudecken und den Vorteig 30 Minuten gehen lassen.

2. 100 Milliliter Milch, Eigelbe, Zucker, Zitronen- und Vanillezucker, Salz, Butter und Rum zum Hefeansatz geben und mit den Knethaken des Handrührgeräts (oder in einer Küchenmaschine) ausgiebig (5 Minuten) verkneten. Hefeteigschüssel abdecken und den Teig bei Zimmertemperatur gut 1 Stunde gehen lassen.

3. Hefeteig auf eine mit Mehl bestäubte Arbeitsfläche legen, etwas flach drücken und in 12 gleich große Stücke teilen. Jedes Teigstück zu einer runden Kugel formen, auf ein leicht bemehltes Tablett legen, mit einem Tuch zudecken und 1 Stunde gehen lassen. Die Teigkugeln sollen schön aufgehen und luftig-weich sein.

4. Für Küchel in jede Teigkugel eine Mulde drücken und das Teigstück mit leicht bemehlten Händen auseinanderziehen, sodass es in der Mitte dünner wird. Die Teigstücke so formen, dass ein dicker Rand und ein etwa 5 bis 6 Zentimeter breites »Fenster« entsteht.

5. Fett in einem Topf oder einer Fritteuse auf 160 bis 170 °C erhitzen. Wenn an dem Kochlöffelstiel Bläschen aufsteigen, ist das Fett heiß genug. Den Herd auf Stufe 1 bis 2 zurückstellen.

6. Je nachdem, wie viel Platz im Topf ist, 3 bis 4 Teiglinge vorsichtig in das heiße Fett gleiten lassen. Für die Krapfen den Topf mit einem Deckel verschließen. Die Krapfen 2 ½ Minuten pro Seite goldbraun backen. Die Küchel pro Seite ohne Deckel 1 ½ Minuten backen.

7. Die fertig gebackenen Krapfen oder Küchel zum Abtropfen auf Küchenpapier legen.

8. Zwetschgenmus durch ein Sieb streichen und in einen Spritzbeutel mit kleiner Lochtülle geben. In die Seite eines jeden Krapfens mithilfe der Tülle ein Loch stechen und die Krapfen füllen.

9. Die Krapfen und Küchel mit Puderzucker bestäuben und bald servieren.

Bagels mit Cranberries

Bagels sind mein Lieblingshefegebäck! Ein bisschen Geduld braucht man aber schon, da die Ringe erst heiß
»gebadet« und dann erst gebacken werden.

ZUTATEN FÜR 10 BAGELS

FÜR DEN HEFETEIG:
500 g Mehl
25 g frische Hefe
120 ml zimmerwarme Milch
120 ml zimmerwarmes Wasser
40 ml Pflanzenöl
1 Ei (Kl. M)
3 EL Zucker
1 TL Salz
150 g getrocknete Cranberries
2-3 EL Mohnsaat
Mehl zum Bestäuben

AUSSERDEM
Backpapier
1 Kochlöffel

 Zubereitungszeit 45 Minuten plus 2 Stunden
10 Minuten Gehzeit und 20 Minuten Backzeit

ZUBEREITUNG

1. Für den Hefeteig Mehl in eine Schüssel geben und die Hefe auf das Mehl bröseln. Milch, Wasser, Öl, Ei, 1 Esslöffel Zucker und Salz zugeben und mit den Knethaken des Handrührgeräts (oder in einer Küchenmaschine) ausgiebig verkneten (5 Minuten). Den Teig 15 Minuten ruhen lassen. Cranberries zugeben, unterkneten und den Teig mit einem Geschirrtuch abgedeckt gut 1 Stunde gehen lassen.

2. Hefeteig auf eine mit Mehl bestäubte Arbeitsfläche legen, etwas flach drücken und in 10 gleich große Stücke teilen. Jedes Teigstück zu einer runden Kugel formen und 10 Minuten ruhen lassen.

3. Anschließend mithilfe eines Kochlöffelstiels in die Mitte der Kugeln ein Loch drücken und die Teiglinge zu Ringen formen. Die Öffnung sollte einen Durchmesser von 5 bis 6 Zentimetern haben. Die Bagels auf ein leicht bemehltes Tablett legen, mit einem Tuch bedecken und 1 Stunde gehen lassen.

4. Den Backofen auf 180 °C (Umluft 160 °C, Gas Stufe 2-3) vorheizen.

5. In einem breiten, flachen Topf (oder einer tiefen Pfanne) Wasser mit 2 Esslöffeln Zucker erhitzen. Das Wasser sollte nur simmern und nicht kochen.

6. Ein Backblech mit Backpapier auslegen.

7. Die Bagels vorsichtig in das Wasser gleiten lassen. Bagels nach 30 Sekunden wenden und nach weiteren 30 Sekunden vorsichtig aus dem Wasser nehmen und auf das Backpapier legen.

8. Bagels mit Mohn bestreuen und im vorgeheizten Ofen auf mittlerer Schiene bei 180 °C 18 bis 20 Minuten zartbraun backen.

TIPP

Ich mag die frischen Bagels am liebsten pur. Man kann sie aber auch wunderbar mit Frischkäse bestreichen oder herzhaft belegen. Und: Bagels lassen sich prima einfrieren.

Geblätterter Teig

Blätterteig braucht etwas Übung

Man braucht für Blätterteig das Rollholz, dazu kalte Zutaten und viel Zeit. Sie werden dafür aber mit einem Blätterteig belohnt, der so gut im Kühlregal nicht zu finden ist.

Damit sich der Aufwand lohnt, bereite ich Blätterteig immer in größeren Mengen zu, rolle ihn 1 Zentimeter dick aus und friere ihn portionsweise ein. Zum Auftauen und späteren Weiterverarbeiten wandert dann die benötigte Menge Teig vom Gefrierfach in den Kühlschrank.

TOUREN GEBEN

Für Blätter- und Plunderteig werden Mehl, Wasser, Salz, ein wenig Butter – und beim Plunderteig dazu noch Hefe – zu einem glatten Teig verknetet. Er ist etwas fester, muss lange geknetet werden und kommt anschließend für einige Stunden in den Kühlschrank. Auch zwischen den sogenannten Touren, wenn der Teig mit einer Butterplatte belegt, gefaltet und gerollt wird, muss der Teig immer in den Kühlschrank. »Touren geben« bedeutet, den Teig ausrollen und falten.

- einfache Tour: zweimal falten – drei Teiglagen
- doppelte Tour: dreimal falten – vier Teiglagen

BLÄTTERTEIG

bekommt fünf einfache Touren: Das bedeutet, die Butterplatte wird in Teig eingeschlagen, ausgerollt und in drei Lagen gefaltet und gerollt – und das fünfmal hintereinander. Zwischen den einzelnen Schritten muss er immer wieder zurück in den Kühlschrank, damit die Butter nicht zu warm wird und der Teig sich entspannen kann.

PLUNDERTEIG

bekommt eine einfache und eine doppelte Tour: Die Butterplatte wird in Teig eingeschlagen, ausgerollt und einmal in drei Lagen gefaltet, dann wieder gerollt und anschließend in vier Lagen gefaltet und gerollt. Auch Plunderteig muss zwischendurch immer gekühlt werden. Blätter- oder Plunderteig darf niemals (!) geknetet werden, sonst ist die Blätterung hinüber. Zum erneuten Ausrollen die Teigstücke einfach überlappend aneinanderlegen und wieder ausrollen.

Blätterteig-Grundrezept

Blätterteig war meine erste Herausforderung als werdender Backprofi — und wenn er nicht perfekt war, gab es ganz viele Käsestangen, weil: Die klappen immer!

ZUTATEN

400 g Mehl
10 g Salz
280 g kalte Butter
225 ml Wasser
Mehl zum Bestäuben

 *Zubereitungszeit 40 Minuten plus 5 Stunden Kühlzeit*

ZUBEREITUNG

1. Für den Teig Mehl, Salz, 30 Gramm Butter und Wasser in eine Schüssel geben und mit den Knethaken des Handrührgeräts (oder in einer Küchenmaschine) ausgiebig (5 Minuten) verkneten. Teig mit Mehl bestäuben, in Folie packen und 2 bis 3 Stunden kalt stellen.

2. 250 Gramm Butter in kleine Würfel schneiden und mit dem Knethaken des Handrührgeräts verkneten. Butter auf ein großes Stück Frischhaltefolie geben, Frischhaltefolie darüberlegen, flach drücken und zu einem 20 Zentimeter großen Quadrat ausrollen. Die Folie ab und zu anheben und wieder darauflegen und die Ränder gerade drücken. Die Butterplatte mindestens 1 Stunde kalt stellen.

3. Den Teig auf leicht bemehlter Arbeitsfläche zu einem 25 Zentimeter großen Quadrat ausrollen. Butterplatte auf den Teig legen und die Teigecken wie einen Briefumschlag über die Butter falten und an den Kanten fest zusammendrücken.

4. Den Teig zu einem 20 x 60 Zentimeter großen Rechteck ausrollen und dreifach falten (erste Tour). Teig in Folie wickeln, mit einem Finger eine Delle in den Teig drücken und 20 Minuten kalt stellen.

5. Den Teig auf die leicht bemehlte Arbeitsfläche legen und zu der offenen Seite hin erneut zu einem 20 x 60 Zentimeter großen Rechteck ausrollen. Wieder dreifach falten – das ist die zweite Tour – und 2 Dellen in den Teig drücken, denn so weiß man immer, wie viele Touren es sind. Teig in Folie wickeln und 20 Minuten kalt stellen.

6. Diesen Vorgang wiederholen, bis der Teig fünfmal getourt ist (= 243 Butterschichten). Den Blätterteig nach Bedarf weiterverarbeiten oder 1 Zentimeter dick ausrollen und gut verpackt einfrieren.

TIPP

Für Käsestangen Blätterteigreste übereinanderlegen und zu einem 2 Millimeter dicken Rechteck ausrollen. Blätterteig halbieren, mit Milch bepinseln, geriebenen Käse, etwas Salz und Kümmel auf einer Hälfte verstreuen, die andere mit der Milchseite auf den Käse legen und etwas nachrollen. Den Blätterteig in 2 Zentimeter dicke Streifen schneiden. In sich verdreht auf ein mit Backpapier ausgelegtes Backblech legen, 1 Stunde ruhen lassen und im vorgeheizten Backofen bei 180 °C (Umluft 160 °C, Gas Stufe 2-3) zartbraun backen.

Mandelschleifen aus Blätterteig

Wenn der Blätterteig schon fertig ist, sind die Mandelschleifen nicht nur ein sehr knuspriges, sondern auch ein sehr schnelles Gebäck!

ZUTATEN FÜR 14 STÜCK

FÜR DEN BLÄTTERTEIG:
450 g Blätterteig (½ Portion des
Grundrezepts, siehe Seite 69)

FÜR DIE FÜLLUNG:
60 g weiche Butter
60 g Zucker
60 g gemahlene Mandeln
1 Eiweiß (Kl. M)
30 g gehobelte Mandeln
Mehl zum Bestäuben

AUSSERDEM
Backpapier

 Zubereitungszeit 20 Minuten plus 30 Minuten Ruhezeit und 30 Minuten Backzeit

ZUBEREITUNG

1. Blätterteig nach Rezept zubereiten.

2. Den Blätterteig auf leicht bemehlter Arbeitsfläche auf eine Größe von 28 x 42 Zentimetern ausrollen.

3. Für die Füllung Butter, Zucker, Mandeln und Eiweiß mit den Rührbesen des Handrührgeräts etwas schaumig schlagen.

4. Blätterteig der Länge nach halbieren. Dreiviertel der Füllung auf einer Hälfte des Blätterteigs gleichmäßig verstreichen und die zweite Hälfte darauflegen. Dann die restliche Füllung darauf verteilen, mit gehobelten Mandeln bestreuen und etwas andrücken.

5. Ein Backblech mit Backpapier auslegen.

6. Den Blätterteig in 3 Zentimeter breite Streifen schneiden und einmal in sich drehen, sodass die gehobelten Mandeln wieder nach oben schauen. Mandelschleifen mit einigem Abstand auf das Backpapier legen und 30 Minuten ruhen lassen.

7. Den Backofen auf 180 °C (Umluft 160 °C, Gas Stufe 2-3) vorheizen.

8. Mandelschleifen im vorgeheizten Ofen auf mittlerer Schiene bei 180 °C 25 bis 30 Minuten goldbraun backen. Die fertigen Schleifen nicht älter als 12 Stunden werden lassen.

TIPP
Grundsätzlich kann man für jedes Blätterteig-Rezept in diesem Buch auch tiefgekühlten Blätterteig verwenden. Achten Sie beim Einkauf darauf, dass er Butter und keine Margarine enthält.

Plunderteig-Grundrezept

Der Plunderteig ist dem Blätterteig sehr ähnlich, nur nimmt man Hefeteig und es sind nicht ganz so viele Touren: Zum Schluss sind es »nur« 12 Butterschichten.

ZUTATEN

300 g Mehl
125 ml Milch
1 EL Zucker
½ TL Salz
1 Ei (Kl. M)
225 g Butter
20 g frische Hefe
Mehl zum Bestäuben

 *Zubereitungszeit 40 Minuten plus 4 Stunden Kühlzeit*

ZUBEREITUNG

1. Für den Teig Mehl, Milch, Zucker, Salz, Ei und 50 Gramm Butter in eine Schüssel geben. Hefe darauf zerbröseln und den Teig mit den Knethaken des Handrührgeräts (oder in einer Küchenmaschine) ausgiebig (5 Minuten) verkneten. Teig mit Mehl bestäuben, locker in Folie packen und 3 bis 4 Stunden kalt stellen.

2. 175 Gramm Butter in kleine Würfel schneiden und mit dem Knethaken des Handrührgeräts verkneten. Butter auf ein großes Stück Frischhaltefolie geben, Frischhaltefolie darüberlegen und flach drücken. Die Butter zu einem 15 Zentimeter großen Quadrat ausrollen, dazu die Folie ab und zu anheben und wieder darauflegen und die Ränder gerade drücken. Die Butterplatte mindestens 1 Stunde kalt stellen.

3. Den Teig auf leicht bemehlter Arbeitsfläche zu einem 23 Zentimeter großen Quadrat ausrollen.

4. Die Butterplatte auf den Teig legen und die Teigecken wie einen Briefumschlag über die Butter falten. Den Teig an den Kanten fest zusammendrücken.

5. Teig zu einem Rechteck von 20 x 60 Zentimetern ausrollen und dreifach falten – das ist die erste Tour. Teig in Folie wickeln und 20 Minuten kalt stellen.

6. Nach 30 Minuten den Teig zu einem Rechteck von 20 x 70 Zentimetern ausrollen und vierfach falten. Anschließend in Folie wickeln und erneut 20 Minuten kalt stellen.

TIPP

Aus Plunderteig können Sie einfache Croissants backen oder den Teig halbieren und gleich zwei Sorten Gebäck daraus herstellen. Beim Plunderteig friere ich lieber das fertig gebackene Gebäck ein – falls tatsächlich noch was übrig sein sollte. Bei Bedarf das Gebäckstück einfach auftauen und kurz aufbacken.

Croissants mit Nugat aus Plunderteig

Selbst gemachte Croissants zum Frühstück — damit ist Ihnen Lob und Bewunderung sicher. Das Rezept sieht zwar kurz aus, es steckt allerdings Arbeit, Teiggefühl und viel Zeit dahinter!

ZUTATEN FÜR 14 STÜCK

FÜR DEN PLUNDERTEIG:
1 Portion Plunderteig (unbedingt selbst gemacht, siehe Rezept Seite 72)
Mehl zum Bestäuben
Milch zum Bepinseln

FÜR DIE FÜLLUNG:
150 g Nussnugat

AUSSERDEM
Backpapier

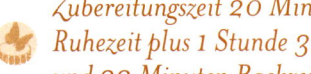 *Zubereitungszeit 20 Minuten plus 10 Minuten Ruhezeit plus 1 Stunde 30 Minuten Gehzeit und 22 Minuten Backzeit*

ZUBEREITUNG

1. Plunderteig nach Rezept zubereiten.

2. Den Plunderteig auf leicht bemehlter Arbeitsfläche zu einem 40 Zentimeter großen Quadrat ausrollen. Den Teig beim Ausrollen immer wieder 1 bis 2 Minuten lang entspannen lassen. Anschließend 10 Minuten ruhen lassen.

3. Nugat in 14 längliche Stücke schneiden.

4. Ein Backblech mit Backpapier auslegen.

5. Den Plunderteig halbieren und jede Hälfte in 7 Dreiecke von 10 x 20 Zentimetern schneiden. Die breite Seite des Dreiecks mittig 3 Zentimeter lang einschneiden und das Nugatstück unterhalb des Schnitts platzieren. Die breite Seite etwas auseinanderziehen und die Teigstücke zur Spitze hin aufrollen.

6. Die Croissants mit einigem Abstand mit dem aufgerollten Endstück nach unten auf das Backpapier setzen.

7. Croissants mit Wasser bepinseln und bei warmer Raumtemperatur gut 1 bis 1½ Stunden gehen lassen.

8. Den Backofen auf 180 °C (Umluft 160 °C, Gas Stufe 2-3) vorheizen.

9. Croissants mit Milch bepinseln und im vorgeheizten Ofen auf mittlerer Schiene bei 180 °C 18 bis 22 Minuten goldbraun backen.

Mille feuille

Ein Klassiker der französischen Konditorei, geht — selbst gemacht natürlich — weg wie warme Semmeln.

ZUTATEN FÜR 10 SCHNITTEN

FÜR DEN BLÄTTERTEIG:
450 g Blätterteig (½ Portion des
Grundrezepts, siehe Seite 69)
3 EL Puderzucker
Mehl zum Bestäuben

FÜR DIE FÜLLUNG:
2 Blatt weiße Gelatine
250 ml Milch
1 EL Zucker
1 EL Vanillezucker (siehe Rezept Seite 18)
½ Päckchen Vanille-Puddingpulver (20 g)
50 g Butter
150 g Sahne

FÜR DEN GUSS:
100 g Puderzucker
Speisefarbe

AUSSERDEM
Backpapier
1 kleine Winkelpalette

 *Zubereitungszeit 1 Stunde 30 Minuten plus
30 Minuten Ruhezeit plus 2 Stunden Kühlzeit
und 35 Minuten Backzeit*

ZUBEREITUNG

1. Blätterteig nach Rezept zubereiten, auf leicht bemehlter Arbeitsfläche auf Größe des Backblechs ausrollen und auf das mit Backpapier ausgelegte Blech legen. Mit einer Gabel viele kleine Löcher in den Teig stechen, mit wenig Wasser bepinseln, mit Puderzucker bestäuben und 30 Minuten ruhen lassen.

2. Den Backofen auf 180 °C (Umluft 160 °C, Gas Stufe 2-3) vorheizen.

3. Blätterteig mit Backpapier abdecken, mit einem Ofengitter beschweren und im vorgeheizten Ofen auf mittlerer Schiene bei 180 °C 30 bis 35 Minuten goldbraun backen. Das Ofengitter nach circa 25 Minuten entfernen und ohne Backpapier weiterbacken.

4. Für die Füllung Gelatine in kaltem Wasser einweichen. In einem Topf Milch, Zucker, Vanillezucker und Puddingpulver klümpchenfrei verrühren. Zum Kochen bringen, dann in eine Schüssel umfüllen.

5. Gelatine ausdrücken und unter den heißen Pudding rühren. Butter in kleinen Stücken mit einem Schneebesen unter den Pudding rühren, bis keine Butterstückchen mehr zu sehen sind. Pudding mit Folie abdecken und auf Zimmertemperatur abkühlen lassen.

6. Blätterteig der Länge nach in 3 gleich breite Streifen schneiden. 1 Streifen mit der glatten Seite nach oben auf die Arbeitsfläche legen.

7. Puderzucker mit 2 bis 2 ½ Esslöffeln Wasser zu einem dicken Guss verrühren. Zuckerguss bis auf 1 Esslöffel mit einer kleinen Winkelpalette gleichmäßig auf dem Blätterteigstreifen verteilen. Restlichen Zuckerguss einfärben und den Streifen damit verzieren.

8. Sahne steif schlagen. Den Pudding mit dem Handrührgerät kurz glatt rühren. Die Sahne mit einem Schneebesen unterheben.

9. Die Hälfte der Vanillecreme auf einem Blätterteigboden gleichmäßig verstreichen. Einen zweiten Boden daraufsetzen und die restliche Creme darauf verteilen und verstreichen. Den Blätterteigstreifen mit Zuckerguss mithilfe eines schweren glatten, nassen Messers in 10 Stücke teilen und in gleichmäßigen Abständen auf die Creme setzen. Mille feuille 1 Stunde kalt stellen, dann vorsichtig – wenn vorhanden – mit einem Elektromesser schneiden.

Holländer Kirschtorte mit Blätterteig

Die Lieblingstorte meiner Eltern! Sie gab es zum 20. Hochzeitstag und steht immer ganz oben auf der Wunschliste, wenn ich für meine Familie backe.

ZUTATEN FÜR 1 KLEINE TORTE (6-8 STÜCKE)

FÜR DEN BLÄTTERTEIG:
300 g Blätterteig (⅓ Portion des Grundrezepts, siehe Seite 69)
Mehl zum Bestäuben
75 g Johannisbeergelee

FÜR DIE FÜLLUNG:
1 Glas Sauerkirschen (Abtropfgewicht 170 g)
2 EL Zucker
1 TL Speisestärke
50 g Crème fraîche
250 g Sahne (mind. 33 %)
1 Päckchen Sahnesteif

AUSSERDEM
Backpapier

Zubereitungszeit 50 Minuten plus 40 Minuten Ruhezeit und 25 Minuten Backzeit

ZUBEREITUNG

1. Blätterteig nach Rezept zubereiten, auf leicht bemehlter Arbeitsfläche 2 Millimeter dick ausrollen und kurz entspannen lassen. Anschließend einen Kreis (24 Zentimeter ø) ausschneiden.

2. Den restlichen Teig überlappend aneinanderlegen und erneut ausrollen. Kurz entspannen lassen und einen zweiten Kreis mit einem Durchmesser von 24 Zentimetern ausschneiden.

3. Ein Backblech mit Backpapier auslegen. Die beiden Kreise auf das Backpapier legen, mit einer Gabel oft einstechen und mit Wasser dünn bepinseln. Die Blätterteigböden 30 Minuten ruhen lassen.

4. Den Backofen auf 180 °C (Umluft 160 °C, Gas Stufe 2-3) vorheizen.

5. Blätterteig im vorgeheizten Ofen auf mittlerer Schiene bei 180 °C 20 bis 25 Minuten goldbraun backen. Die Böden nach 15 Minuten umdrehen und weiterbacken. (Achtung, nicht das Blech umdrehen, sondern den Blätterteig!)

6. Für die Füllung Sauerkirschen abgießen und den Saft dabei auffangen. 6 Esslöffel Saft, 1 Esslöffel Zucker und die Speisestärke klümpchenfrei verrühren und unter Rühren zum Kochen bringen. Kirschen zugeben und aufkochen. Kirschkompott in eine Schüssel umfüllen und auskühlen lassen.

7. Den kleineren Blätterteigkreis – meist wird ein Kreis beim Backen etwas kleiner – mit der glatteren Seite nach oben legen. Johannisbeergelee in einem Topf zum Kochen bringen und den Blätterteigkreis damit gleichmäßig bepinseln.

8. Crème fraîche und Schlagsahne in eine Schüssel geben und steif schlagen, dabei 1 Esslöffel Zucker und Sahnesteif einrieseln lassen.

9. Das abgekühlte Kirschkompott auf dem größeren Blätterteigkreis verteilen und die Sahne darauf verstreichen.

10. Tortendeckel mit einem schweren glatten, leicht angefeuchteten Messer in 6 bis 8 Stücke schneiden und auf die Sahne setzen. Die Torte gleich servieren und innerhalb von 8 Stunden verzehren.

Schweineohren

Lecker und vegetarisch!

ZUTATEN FÜR 14 STÜCK

FÜR DEN BLÄTTERTEIG:
450 g Blätterteig (½ Portion des
Grundrezepts, siehe Seite 69)
250 g Zucker
40 g Haselnusskrokant
Mehl zum Bestäuben

FÜR DIE DEKORATION:
250 g Kuvertüre (alternativ Fettglasur)
1 EL kleine bunte Zuckerperlen (alternativ
Krokant)

AUSSERDEM
Backpapier

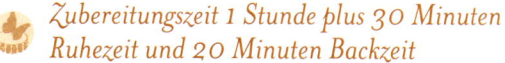

Zubereitungszeit 1 Stunde plus 30 Minuten
Ruhezeit und 20 Minuten Backzeit

*Das Bild zum Rezept finden Sie auf
Seite 67.*

ZUBEREITUNG

1. Blätterteig nach Rezept zubereiten und auf leicht bemehlter Arbeitsfläche auf eine Größe von 30 x 38 Zentimetern ausrollen.

2. Den Teig dünn mit Wasser bepinseln. 2 Esslöffel Zucker und den Haselnusskrokant gleichmäßig aufstreuen.

3. Ein Backblech mit Backpapier auslegen.

4. Den Blätterteig von beiden längeren Seiten her zur Mitte aufrollen. Die Mitte dünn mit Wasser bepinseln und beide Rollen aneinanderdrücken. Die Rolle in 2 Zentimeter breite Stücke schneiden.

5. Restlichen Zucker auf die Arbeitsfläche geben, die Schweineohren darin wenden und auf dem Zucker etwa 4 Millimeter dick ausrollen.

6. Schweineohren auf das Backpapier setzen und circa 30 Minuten ruhen lassen.

7. Den Backofen auf 180 °C (Umluft 160 °C, Gas Stufe 2-3) vorheizen.

8. Schweineohren im vorgeheizten Ofen auf mittlerer Schiene bei 180 °C 18 bis 20 Minuten goldbraun backen.

9. Die Kuvertüre grob hacken und im warmen Wasserbad schmelzen lassen. Ausgekühlte Schweineohren ein Stück eintauchen, auf Backpapier legen und mit Zuckerperlen oder Krokant bestreuen.

Trocken gelagert schmecken die Schweineohren 2 bis 3 Tage.

TIPP
Es bleibt etwas Zucker übrig, aber man kann ihn problemlos zum Backen wiederverwenden.

Pflaumenecken mit Blitzblätterteig

Wie der Blitz geht die Zubereitung dieses Teigs zwar nicht, aber wesentlich einfacher und etwas schneller als herkömmlicher Blätterteig. Und ich finde, er schmeckt auch am nächsten Tag noch richtig lecker!

ZUTATEN FÜR 12 STÜCK

FÜR DEN BLITZBLÄTTERTEIG:
175 g kalte Butter
175 g Mehl
2 Prisen Salz
1 Prise Zucker
180 g Magerquark
50 g gehackte Haselnüsse
(alternativ Mandeln)
Mehl zum Bestäuben

FÜR DIE FÜLLUNG:
200 g Pflaumenmus
1 Messerspitze gemahlener Kardamom
1 Messerspitze gemahlener Piment

AUSSERDEM
Backpapier

 Zubereitungszeit 40 Minuten plus 5 Stunden Kühlzeit plus 30 Minuten Ruhezeit und 25 Minuten Backzeit

ZUBEREITUNG

1. Für den Blitzblätterteig die kalte Butter in kleine Würfel schneiden. Butterwürfel, Mehl, Salz und Zucker mit den Knethaken des Handrührgeräts (oder in einer Küchenmaschine) etwas verkneten – es dürfen noch Butterstückchen zu sehen sein. Anschließend den Quark zugeben und kurz zu einem Teig verkneten (es dürfen immer noch kleine Butterstückchen zu sehen sein). Den Teig mit Mehl bestäuben, in Folie wickeln und 3 bis 4 Stunden kalt stellen.

2. Den Teig auf leicht bemehlter Arbeitsfläche länglich und 8 Millimeter dick ausrollen und dreimal falten (1 Tour geben). Teigplatte in Folie einschlagen und mindestens 45 Minuten kühl stellen.

3. Für die Pflaumenecken den Blitzblätterteig auf leicht bemehlter Arbeitsfläche auf eine Größe von 32 x 42 Zentimetern ausrollen. Anschließend den Teig etwas entspannen lassen.

4. Für die Füllung das Pflaumenmus mit Kardamom und Piment verrühren.

5. Ein Backblech mit Backpapier auslegen. Den Teig in 12 Quadrate (je 10 Zentimeter groß) schneiden und in jede Mitte 1 Esslöffel Pflaumenmus geben. Quadrate zuklappen, sodass ein Dreieck entsteht. Die Pflaumenecken mit etwas Abstand auf das Backpapier legen und mit einer Gabel die offenen Seiten der Dreiecke fest eindrücken.

6. Pflaumenecken mit Wasser bepinseln, mit gehackten Haselnüssen bestreuen und diese mit der Hand etwas andrücken.

7. Den Backofen auf 180 °C (Umluft 160 °C, Gas Stufe 2-3) vorheizen.

8. Die Pflaumenecken 15 Minuten ruhen lassen. Anschließend im vorgeheizten Ofen auf mittlerer Schiene bei 180 °C 20 bis 25 Minuten goldbraun backen.

TIPP
Dieser Teig eignet sich auch für alle Arten von Tartes und Quiches. Und Sie können ihn auch anstelle von Blätterteig oder Quarkölteig verwenden.

Mohnschnecken

Ich liebe Rumrosinen! Und da ich sie nicht in großen Mengen naschen sollte, verbacke ich sie gerne zahlreich getarnt in meinen Mohnschnecken.

ZUTATEN FÜR 12 STÜCK

FÜR DIE FÜLLUNG:
150 g Sultaninen
50 ml Rum (oder Wasser)
150 g gemahlener Mohn
4 EL Zucker
200 ml Milch
1 Ei (Kl. M)
1 EL Semmelbrösel (alternativ gemahlene Mandeln)

FÜR DEN PLUNDERTEIG:
1 Portion Plunderteig (siehe Rezept Seite 72)
Mehl zum Bestäuben

AUSSERDEM
Backpapier
150 g Aprikosenkonfitüre

 Zubereitungszeit 40 Minuten plus 8 Stunden Einweichzeit plus 1 Stunde 15 Minuten Ruhe- und Gehzeit und 30 Minuten Backzeit

ZUBEREITUNG

1. Für die Füllung Sultaninen über Nacht in Rum einweichen.

2. Mohn, Zucker und Milch in einen Topf geben, zum Kochen bringen und 1 Minute köcheln lassen. Mohnmasse in eine Schüssel umfüllen. Sultaninen, Ei und Semmelbrösel unter die lauwarme Mohnmasse rühren.

3. Plunderteig nach Rezept zubereiten und auf leicht bemehlter Arbeitsfläche zu einem Rechteck von 35 x 50 Zentimetern ausrollen.

4. Füllung auf dem Plunderteig gleichmäßig verstreichen und von der langen Seite her aufrollen. Die Rolle 15 Minuten ruhen lassen, dann in 3 Zentimeter breite Stücke schneiden.

5. Ein Backblech mit Backpapier auslegen.

6. Schnecken mit einigem Abstand auf das Backpapier legen und mit der Hand etwas flach drücken. Mohnschnecken mit Wasser bepinseln und an einem warmen Ort gut 1 Stunde gehen lassen.

7. Den Backofen auf 180 °C (Umluft 160 °C, Gas Stufe 2-3) vorheizen.

8. Mohnschnecken nochmals mit Wasser bepinseln und im vorgeheizten Ofen auf mittlerer Schiene bei 180 °C 25 bis 30 Minuten goldbraun backen.

9. Aprikosenkonfitüre in einen kleinen Topf geben, erhitzen und glatt rühren. Die lauwarmen Mohnschnecken mit der heißen Aprikosenkonfitüre bepinseln.

Mohnschnecken schmecken frisch am besten, doch wegen der saftigen Sultaninen munden sie auch am nächsten Tag noch sehr lecker.

Franzbrötchen aus Plunderteig

Das Hamburger Wohlfühlgebäck! Wenn mir die Stadt nicht fehlt, dann aber ihre Franzbrötchen.

ZUTATEN FÜR 12 STÜCK

FÜR DEN PLUNDERTEIG:
1 Portion Plunderteig (siehe Rezept Seite 72)
Mehl zum Bestäuben

FÜR DIE FÜLLUNG:
180 g Marzipanrohmasse
100 g Zucker
40 ml Milch
1 EL gemahlener Zimt (Menge nach Geschmack)

AUSSERDEM
Backpapier
1 Kochlöffel
Zimtzucker zum Bestreuen

 Zubereitungszeit 30 Minuten plus 15 Minuten Ruhezeit plus 1 Stunde 30 Minuten Gehzeit plus 30 Minuten Backzeit

ZUBEREITUNG

1. Plunderteig nach Rezept zubereiten und auf leicht bemehlter Arbeitsfläche auf eine Größe von 35 x 50 Zentimetern ausrollen.

2. Für die Füllung Marzipan in kleine Stücke zupfen. Marzipan, Zucker, Milch und Zimt mit den Rührbesen des Handrührgeräts klümpchenfrei verrühren.

3. Füllung auf dem ausgerollten Plunderteig gleichmäßig verstreichen und von der langen Seite her aufrollen. Die Rolle 15 Minuten ruhen lassen.

4. Ein Backblech mit Backpapier auslegen.

5. Anschließend die Teigrolle in 4 Zentimeter breite Stücke schneiden. Plunderscheiben mit einigem Abstand auf das Backpapier legen und mit einem Kochlöffelstiel in der Mitte flach drücken. Franzbrötchen mit Wasser bepinseln und an einem warmen Ort 1 bis 1 ½ Stunden gehen lassen.

6. Den Backofen auf 180 °C (Umluft 160 °C, Gas Stufe 2-3) vorheizen.

7. Franzbrötchen mit Wasser oder Milch bepinseln und mit Zimtzucker bestreuen. Die Brötchen im vorgeheizten Ofen auf mittlerer Schiene bei 180 °C 25 bis 30 Minuten goldbraun backen.

Franzbrötchen sollten nicht älter als 12 Stunden werden.

TIPP
Passen Sie die Menge Zimt, die Sie verwenden möchten, ruhig Ihrem Geschmack an. Die Franzbrötchen schmecken auch wunderbar mit etwas weniger Zimt.

Apfelkörbchen aus Blitzblätterteig

Blitzblätterteig für mein Lieblingsobst! »An apple a day keeps you happy all the way« — das gilt natürlich auch für meine Apfelkörbchen!

ZUTATEN FÜR 12 STÜCK

FÜR DEN BLITZBLÄTTERTEIG:
175 g kalte Butter
175 g Mehl
2 Prisen Salz
1 Prise Zucker
180 g Magerquark
Mehl zum Bestäuben

FÜR DIE FÜLLUNG:
600 g Äpfel
100 g Cashewkerne
(alternativ Macadamianüsse)
50 g Honig
1 EL Weichweizengrieß
100 g Schmand

AUSSERDEM
Backpapier
1 Muffinblech

 Zubereitungszeit 50 Minuten plus 5 Stunden Kühlzeit plus 25 Minuten Ruhezeit und 30 Minuten Backzeit

ZUBEREITUNG

1. Für den Blitzblätterteig die kalte Butter in kleine Würfel schneiden. Butterwürfel, Mehl, Salz und Zucker mit den Knethaken des Handrührgeräts (oder in einer Küchenmaschine) etwas verkneten – es dürfen noch Butterstückchen zu sehen sein. Anschließend den Quark zugeben und kurz zu einem Teig verkneten (es dürfen immer noch kleine Butterstückchen zu sehen sein). Den Teig mit Mehl bestäuben, in Folie wickeln und 3 bis 4 Stunden kalt stellen.

2. Den Teig auf leicht bemehlter Arbeitsfläche 8 Millimeter dick länglich ausrollen und dreimal falten (1 Tour geben). Teigplatte in Folie schlagen und mindestens 45 Minuten kühl stellen.

3. Für die Füllung Äpfel schälen, vierteln und die Kerngehäuse entfernen. Apfelstücke achteln und dann in kleine Stücke schneiden. Cashewkerne grob hacken. Äpfel mit Honig, Cashewkernen, Grieß und Schmand mischen.

4. Aus Backpapier 12 Quadrate in einer Größe von 14 x 14 Zentimetern zuschneiden.

5. Für die Apfelkörbchen den Blitzblätterteig auf leicht bemehlter Arbeitsfläche zu einer Größe von 33 x 44 Zentimetern ausrollen. Anschließend den Teig etwas entspannen lassen.

6. Teig in 12 Quadrate zu je 11 x 11 Zentimetern teilen, auf die zugeschnittenen Backpapiere setzen und in die Vertiefungen des Muffinblechs legen. Den Teig sanft bis zum Boden der Form drücken. Die Körbchen mit der Apfelmasse füllen. Anschließend 15 Minuten ruhen lassen.

7. Den Backofen auf 180 °C (Umluft 160 °C, Gas Stufe 2-3) vorheizen.

8. Die Apfelkörbchen im vorgeheizten Ofen auf mittlerer Schiene bei 180 °C 25 bis 30 Minuten zartbraun backen.

Die Apfelkörbchen schmecken in den ersten 24 Stunden am besten.

Brandteig

Brandteig lässt sich wunderbar füllen

Probieren Sie diesen besonderen Teig unbedingt aus: Sie werden mit einem herrlich luftigen und knusprigen Gebäck belohnt, das sich prima füllen lässt.

Beim Brandteig kocht man Wasser und Butter auf, dann wird das Mehl ins kochende Wasser gerührt und „verkleistert". Man lässt den Teig im Topf „abbrennen": Nach 1 bis 2 Minuten bildet sich ein weißer Belag am Topfboden. Anschließend werden in den heißen Teig Eier gerührt, die das Gebäck im Ofen so schön aufgehen lassen. Bei großen Mengen – ab 1 Kilogramm – lasse ich den Brandteig etwas abkühlen, bevor die Eier untergerührt werden, damit es kein Rührei gibt. Bei kleinen haushaltsüblichen Mengen kann man die Eier ruhig etwas zügiger unter den heißen Teig rühren, da der Teig dann noch weicher ist und die Eier so klümpchenfrei untergemischt werden können. Falls die erste Runde, z.B. Eclairs, nicht so schön auf das Blech dressiert ist, können Sie den Teig wieder einsammeln und die Eclairs erneut auf das Backblech spritzen – das ist gar kein Problem! (Mit Brandteig habe ich meine Lehrlinge das Aufdressieren von Teig zu Rosetten, Eclairs und Bärentatzen üben lassen, da Brandteig auch nach mehrmaligem Aufdressieren noch verwendbar ist.)

OFEN NICHT ZU FRÜH ÖFFNEN

Beim Backen wird Luft im Inneren gehalten, da die Wände des Gebäcks aus verkleistertem Mehl bestehen. Bis die Wände stabil gebacken sind, muss der Ofen geschlossen bleiben, sonst fällt das Gebäck unwiderruflich in sich zusammen. Ich mache mir immer ein Stück Alufolie an den Griff der Backofentür, damit ich daran erinnert werde, den Ofen nicht zu öffnen. Erst wenn das Gebäck schön goldfarben ist, kann man ein Teilchen herausnehmen, um zu sehen, ob es schon fertig ist. Damit die Windbeutel nicht zu schnell zu braun werden, verwendet man im Brandteig nur sehr wenig Zucker.

Fertige Brandteiggebäcke lassen sich am besten lauwarm mit einem scharfen Sägemesser aufschneiden und sollten bald gefüllt und gegessen werden.

AUFS BLECH BRINGEN

Zum Portionieren von Brandteig-Gebäckstücken verwende ich gerne Einweg-Spritzbeutel, da die Teigreste sich nur mühsam wegspülen lassen.

BRANDTEIG FRITTIEREN

Verwenden Sie zum Frittieren von Brandteig reichlich Fett, dann schwimmt das Gebäck schön und bräunt von allen Seiten gleich gut. Das gebrauchte lauwarme Fett gieße ich durch ein mit Küchenpapier ausgelegtes Sieb, denn so kann ich es mehrmals verwenden. Die Backbleche lege ich entweder mit Silikonmatten aus oder fette sie dünn mit Butter ein. Backpapier befestige ich mithilfe von vier kleinen Tupfen Brandteig auf dem Backblech.

GEBÄCK EINFRIEREN

Fertig gebackene Eclairs, Windbeutel und Profiteroles lassen sich ungefüllt wunderbar einfrieren. Für überraschenden Besuch sind sie in einer halben Stunde aufgetaut. Mit frisch geschlagener, leicht gesüßter Sahne gefüllt und Puderzucker bestäubt sind sie ein Gedicht. Und wenn Sie frische Beeren haben – einfach unter die Sahnehaube damit!

Schokoladeneclairs

Eine »leichte« Schokoladenfüllung im luftigen Eclair passt zu jeder Tageszeit — die Franzosen wissen einfach, was lecker ist!

ZUTATEN FÜR 12 STÜCK

FÜR DIE FÜLLUNG:
200 g Zartbitter-Kuvertüre
600 g Sahne (mind. 33 %)

FÜR DEN BRANDTEIG:
250 ml Wasser
75 g Butter
½ TL Salz
150 g Mehl
3 Eier (Kl. M)
Butter für das Blech

FÜR DIE DEKORATION:
100 g Zartbitter-Kuvertüre
1 EL Chiliflocken

AUSSERDEM
1 Spritzbeutel mit Sterntülle (13 mm ø)

 *Zubereitungszeit 1 Stunde plus 1 Stunde Kühlzeit und 35 Minuten Backzeit*

ZUBEREITUNG

1. Für die Füllung die Kuvertüre grob hacken. Sahne in einen Topf geben, zum Kochen bringen und vom Herd nehmen. Die Kuvertüre mit dem Schneebesen unterrühren, bis sie geschmolzen ist. Schokoladensahne in den Kühlschrank stellen.

2. Für den Brandteig Wasser, Butter und Salz in einem Topf zum Kochen bringen. Mehl auf einmal zugeben und mit dem Kochlöffel bei mittlerer Hitze so lange rühren, bis sich ein Klumpen bildet. Den Teigklumpen »abbrennen« und noch 1 bis 2 Minuten im Topf rühren, bis sich ein weißer Belag am Topfboden bildet. Heißen Teigkloß in eine Schüssel geben.

3. Der Teig soll noch sehr warm sein. Eier nacheinander mit den Rührbesen des Handrührgeräts auf niedriger Stufe unterrühren. Nur so lange rühren, bis die Masse glatt ist und glänzt. Den Teig keinesfalls schaumig rühren!

4. Den Backofen auf 200 °C (Umluft 180 °C, Gas Stufe 3-4) vorheizen.

5. Backblech dünn einfetten oder mit einer Silikonmatte belegen. Brandteig in einen Spritzbeutel mit Sterntülle füllen und 12 Stangen zu je 12 Zentimetern auf das Blech setzen.

6. Eclairs im vorgeheizten Ofen auf mittlerer Schiene bei 200 °C 30 bis 35 Minuten goldbraun backen. Den Ofen während der ersten 25 Minuten nicht öffnen! Eclairs auf einem Gitter abkühlen lassen.

7. Abgekühlte Eclairs mit einem Sägemesser waagerecht halbieren.

8. Für die Füllung die kalte Schokoladensahne mit den Rührbesen des Handrührgeräts steif schlagen. Nicht zu lange rühren, sonst wird die Sahne grieselig.

9. Schokoladensahne in einen Spritzbeutel mit Sterntülle geben. Die untere Hälfte der Eclairs dekorativ mit Schokosahne füllen und den Deckel auf die Sahne setzen.

10. Für die Dekoration Kuvertüre fein hacken und im warmen Wasserbad schmelzen. Geschmolzene Kuvertüre mit einem Teelöffel über die Eclairs sprenkeln und mit Chiliflocken bestreuen.

Profiteroles mit Moccafüllung

Brandteig mit Kaffeecreme — eine klassische Kombination der französischen Patisserie, hier mein Rezept für oder gegen Fernweh. Die Profiteroles eignen sich wunderbar als Nachspeise.

ZUTATEN FÜR 30-35 STÜCK

FÜR DIE FÜLLUNG:
400 ml Milch
1 Päckchen Vanille-Puddingpulver
3 EL Zucker
1-2 TL löslicher Kaffee
80 g Butter

FÜR DEN BRANDTEIG:
150 ml Wasser
50 g Butter
½ TL Salz
100 g Mehl
3 Eier (Kl. M)
Butter für das Blech

FÜR DIE DEKORATION:
150 g Vollmilch-Kuvertüre
1 EL Kaffeebohnen, grob gehackt

AUSSERDEM
1 Spritzbeutel mit Lochtülle (12 mm ø)
1 Spritzbeutel mit Lochtülle (4-5 mm ø)

 *Zubereitungszeit 1 Stunde 30 Minuten plus 30 Minuten Kühlzeit und 30 Minuten Backzeit*

ZUBEREITUNG

1. Für die Füllung 50 Milliliter Milch mit Puddingpulver, Zucker und löslichem Kaffee klümpchenfrei verrühren. 350 Milliliter Milch in einem Topf zum Kochen bringen und die Mischung unter Rühren zugießen. 1 Minute kochen lassen und währenddessen ständig rühren. Anschließend den Pudding in eine Schüssel füllen.

2. Butter in kleine Würfel schneiden und unterrühren, bis keine Stücke mehr zu sehen sind. Pudding mit Folie abdecken und kalt stellen.

3. Für den Brandteig Wasser, Butter und Salz in einem Topf zum Kochen bringen. Mehl auf einmal zugeben und mit dem Kochlöffel bei mittlerer Hitze so lange rühren, bis sich ein Klumpen bildet. Den Teigklumpen »abbrennen« und noch 1 bis 2 Minuten im Topf rühren, bis sich ein weißer Belag am Topfboden bildet. Heißen Teigkloß in eine Schüssel geben.

4. Der Teig soll noch sehr warm sein. Eier nacheinander mit den Rührbesen des Handrührgeräts auf niedriger Stufe unterrühren. Nur so lange rühren, bis die Masse glatt ist und glänzt. Den Teig keinesfalls schaumig rühren!

5. Den Backofen auf 200 °C (Umluft 180 °C, Gas Stufe 3-4) vorheizen. Backblech dünn einfetten oder mit einer Silikonmatte belegen.

6. Brandteig in einen Spritzbeutel mit großer Lochtülle füllen. Etwa 30 runde Tupfen mit einem Durchmesser von 3 Zentimetern auf das Blech setzen. Etwaige Spitzen mit nassem Finger glatt drücken.

7. Windbeutel im vorgeheizten Ofen auf mittlerer Schiene bei 200 °C 25 bis 30 Minuten backen. Die Ofentür nicht öffnen!

8. Profiteroles auf einem Kuchengitter abkühlen lassen. Mit einer kleinen Lochtülle ein Loch in die Unterseite der Profiteroles stechen.

9. Moccafüllung durchrühren und in einen Spritzbeutel mit kleiner Lochtülle geben. Jedes Bällchen mit Creme füllen und kalt stellen.

10. Für die Dekoration die Kuvertüre fein hacken und im Wasserbad schmelzen. Profiteroles mit einer Seite in die Kuvertüre tauchen, auf Backpapier setzen und mit Kaffeebohnenbruch bestreuen.

Himbeereis-Windbeutel

Die kleinen, noch ein kleines bisschen gefrorenen Windbeutel aus der Tiefkühltheke im Supermarkt habe ich schon immer geliebt. Frisch und selbst gemacht sind sie allerdings noch besser!

ZUTATEN FÜR ETWA 25 STÜCK

FÜR DIE FÜLLUNG:
200 g Himbeeren (frisch oder tiefgekühlt)
120 g Gelierzucker 2:1
200 g Sahne (33 %)

FÜR DEN BRANDTEIG:
150 ml Wasser
50 g Butter
½ TL Salz
100 g Mehl
3 Eier (Kl. M)
Butter für das Blech

AUSSERDEM
1 Spritzbeutel mit Lochtülle (12 mm ø)
1 Spritzbeutel mit Lochtülle (4-5 mm ø)
2-3 EL Puderzucker zum Bestäuben

Zubereitungszeit 1 Stunde 30 Minuten plus 6 Stunden Kühlzeit und 35 Minuten Backzeit

ZUBEREITUNG

1. Für die Eisfüllung frische Himbeeren waschen und verlesen.

2. Himbeeren und Gelierzucker in einen hohen Rührbecher füllen und mit dem Mixstab pürieren. Himbeerpüree in einen Topf geben, kurz unter Rühren zum Kochen bringen und anschließend durch ein Sieb streichen. Himbeerpüree abkühlen lassen und kalt stellen.

3. Für den Brandteig Wasser, Butter und Salz in einem Topf zum Kochen bringen. Mehl auf einmal zugeben und mit dem Kochlöffel bei mittlerer Hitze so lange rühren, bis sich ein Klumpen bildet. Den Teigklumpen »abbrennen« und noch 1 bis 2 Minuten im Topf rühren, bis sich ein weißer Belag am Topfboden bildet. Heißen Teigkloß in eine Schüssel geben.

4. Der Teig soll noch sehr warm sein. Eier nacheinander mit den Rührbesen des Handrührgeräts auf niedriger Stufe unterrühren. Nur so lange rühren, bis die Masse glatt ist und glänzt. Den Teig keinesfalls schaumig rühren!

5. Den Backofen auf 200 °C (Umluft 180 °C, Gas Stufe 3-4) vorheizen. Backblech dünn einfetten oder mit einer Silikonmatte belegen.

6. Den Brandteig in einen Spritzbeutel mit großer Lochtülle füllen. Etwa 25 runde Tupfen mit einem Durchmesser von 3,5 Zentimetern auf das Blech setzen. Etwaige Spitzen mit nassem Finger glatt drücken.

7. Windbeutel im vorgeheizten Ofen auf mittlerer Schiene bei 200 °C 30 bis 35 Minuten backen. Die Ofentür nicht öffnen!

8. Windbeutel auf einem Kuchengitter abkühlen lassen. Mit einer kleinen Lochtülle ein Loch in die Unterseite der Windbeutel stechen.

9. Für die Füllung die Sahne steif schlagen. Himbeerpüree durchrühren, Sahne unterheben und die Himbeersahne in einen Spritzbeutel mit kleiner Lochtülle geben. Jeden Windbeutel damit füllen.

10. Ein Tablett mit Frischhaltefolie einschlagen, die gefüllten Windbeutel dicht an dicht auf das Tablett setzen und gut mit Folie abdecken. Die Himbeereis-Windbeutel mindestens 6 Stunden einfrieren und kurz vor dem Servieren mit Puderzucker bestäuben.

Apfelbällchen mit Mohn oder Sesam

Ein schnelles Gebäck, das auch mal ein Mittagessen ersetzen kann.

ZUTATEN FÜR 15 STÜCK

FÜR DEN BRANDTEIG:
1 mittelgroßer Apfel
(ca. 130 g, z.B. Braeburn)
125 ml Wasser
20 g Butter
1 Prise Salz
1 Prise Zucker
90 g Mehl
2 Eier (Kl. M)
2 EL Sesamsaat oder Mohnsaat
3 EL Puderzucker zum Bestäuben

AUSSERDEM
gut 500 g Fett zum Frittieren

 *Zubereitungszeit 40 Minuten plus
15 Minuten Backzeit*

ZUBEREITUNG

1. Apfel schälen, vierteln und Kerngehäuse entfernen. Das Fruchtfleisch achteln und in 3 Millimeter dicke Scheiben schneiden.

2. Für den Brandteig Wasser, Butter, Salz und Zucker in einem Topf zum Kochen bringen. Mehl auf einmal zugeben und mit dem Kochlöffel bei mittlerer Hitze so lange rühren, bis sich ein Klumpen bildet. Den Teigklumpen »abbrennen« und noch 1 bis 2 Minuten im Topf rühren, bis sich ein weißer Belag am Topfboden bildet. Heißen Teigkloß in eine Schüssel geben.

3. Der Teig soll noch heiß sein. Eier nacheinander mit den Rührbesen des Handrührgeräts auf niedriger Stufe unterrühren. Nur so lange rühren, bis die Masse glatt ist und glänzt. Den Teig keinesfalls schaumig rühren!

4. Apfelscheiben und Sesam oder Mohn anschließend unter den Brandteig rühren.

5. Fett in einem Topf oder in der Fritteuse auf 160 bis 170 °C erhitzen. Wenn am Kochlöffelstiel Bläschen aufsteigen, ist das Fett heiß genug. Den Herd auf Stufe 1 bis 2 zurückstellen, damit das Fett nicht überhitzt.

6. Mit 2 Esslöffeln aus dem Teig Nocken formen und in das Fett gleiten lassen. Die Apfelbällchen von beiden Seiten 4 bis 5 Minuten goldbraun backen, mit einer Schaumkelle aus dem Fett nehmen und auf Küchenpapier abtropfen lassen.

7. Apfelbällchen mit Puderzucker bestäuben und servieren.

TIPP
Die Apfelbällchen schmecken gut zu Vanille- oder Schokoladeneis.

Churros mit salziger Karamellsauce

Spanische Churros sind leider kein Dessert für die schlanke Linie — außer man begnügt sich mit einem einzigen Stängelchen, doch das schaffe ich leider nie!

ZUTATEN FÜR 4-6 PORTIONEN

FÜR DIE KARAMELLSAUCE:
125 g Zucker
30 g Butter
100 g Sahne (33 %)
1 TL Fleur de Sel

FÜR DEN BRANDTEIG:
125 ml Wasser
20 g Butter
1 Prise Salz
1 Prise Zucker
90 g Mehl
2 Eier (Kl. M)

AUSSERDEM
1 Spritzbeutel mit Sterntülle (8 mm ø)
500 g Fett zum Frittieren

 *Zubereitungszeit 40 Minuten plus 15 Minuten Backzeit*

ZUBEREITUNG

1. Für die Karamellsauce Zucker nach und nach in einem kleinen Topf goldbraun schmelzen. Butter zugeben und unterrühren. Wenn sich die Butter verbunden hat, Sahne zugeben und die Sauce köcheln lassen, bis sich der Zucker gelöst hat. (Achtung, es kann beim Zugießen der Sahne spritzen!)

2. Den Topf vom Herd nehmen, die Karamellsauce umfüllen und auskühlen lassen. Falls die Sauce zu fest wird, noch 1 bis 2 Esslöffel Sahne unterrühren. Anschließend mit Fleur de Sel abschmecken.

3. Für den Brandteig Wasser, Butter, Salz und Zucker in einem Topf zum Kochen bringen. Mehl auf einmal zugeben und mit dem Kochlöffel bei mittlerer Hitze so lange rühren, bis sich ein Klumpen bildet. Den Teigklumpen »abbrennen« und noch 1 bis 2 Minuten im Topf rühren, bis sich ein weißer Belag am Topfboden bildet. Heißen Teigkloß in eine Schüssel geben.

4. Der Teig soll noch heiß sein. Eier nacheinander mit den Rührbesen des Handrührgeräts auf niedriger Stufe unterrühren. Nur so lange rühren, bis die Masse glatt ist und glänzt. Den Teig keinesfalls schaumig rühren!

5. Den Brandteig in einen Spritzbeutel mit Sterntülle füllen.

6. Fett in einem Topf oder einer Fritteuse auf 160 bis 170 °C erhitzen. Wenn am Kochlöffelstiel Bläschen aufsteigen, ist das Fett heiß genug. Dann den Herd auf Stufe 1 bis 2 zurückstellen.

7. Etwa 10 Zentimeter lange Brandteigstücke nacheinander in das heiße Fett spritzen und von beiden Seiten insgesamt etwa 2 Minuten goldbraun backen. Churros mit zwei Gabeln aus dem Fett nehmen und auf Küchenpapier abtropfen lassen.

8. Die frischen Churros mit der Karamellsauce servieren.

TIPP

Die Karamellsauce hält sich gut verschlossen 1 bis 2 Wochen und schmeckt auch zu Apfelkuchen oder Eiscreme. Den Brandteig können Sie bis zu 1 Stunde abgedeckt bei Zimmertemperatur stehen lassen.

Spritzringe

Wenn ich an einer Bäckerei vorbeikomme und Lust auf etwas Süßes habe, kaufe ich immer Spritzringe. Frisch gebacken sind sie einfach köstlich — hier mein Rezept.

ZUTATEN FÜR 12 STÜCK

FÜR DEN BRANDTEIG:
200 ml Wasser
50 g Butter
½ TL Salz
1 TL Zucker
140 g Mehl
3 Eier (Kl. M)

AUSSERDEM
Backpapier
1 Spritzbeutel mit Sterntülle (10-12 mm ø)
gut 750 g Fett zum Frittieren
2 EL Puderzucker zum Bestäuben

Zubereitungszeit 40 Minuten plus 35 Minuten Backzeit

ZUBEREITUNG

1. Für den Brandteig Wasser, Butter, Salz und Zucker in einem Topf zum Kochen bringen. Mehl auf einmal zugeben und mit dem Kochlöffel bei mittlerer Hitze so lange rühren, bis sich ein Klumpen bildet. Den Teigklumpen »abbrennen« und noch 1 bis 2 Minuten im Topf rühren, bis sich ein weißer Belag am Topfboden bildet. Heißen Teigkloß in eine Schüssel geben.

2. Der Teig soll noch heiß sein. Eier nacheinander mit den Rührbesen des Handrührgeräts auf niedriger Stufe unterrühren. Nur so lange rühren, bis die Masse glatt ist und glänzt. Den Teig keinesfalls schaumig rühren!

3. Aus Backpapier 12 Rechtecke in einer Größe von 10 x 20 Zentimetern zuschneiden.

4. Brandteig in einen Spritzbeutel mit Sterntülle füllen.

5. Auf die vordere Hälfte der Papierstücke je einen Ring mit einem Durchmesser von 8 Zentimetern spritzen.

6. Fett in einem breiten Topf oder einer Fritteuse auf 160 bis 170 °C erhitzen. Wenn am Kochlöffelstiel Bläschen aufsteigen, ist das Fett heiß genug. Den Herd auf Stufe 1 bis 2 zurückstellen, damit das Fett nicht überhitzt.

7. Brandteigringe mithilfe des Backpapiers in das Fett gleiten lassen. Dazu das Backpapier festhalten und herausziehen, wenn sich der Ring vom Papier löst. Je nach Platz 3 bis 4 Spritzringe in das Fett geben.

8. Spritzringe 2 bis 3 Minuten pro Seite goldbraun backen und anschließend mit 2 Gabeln aus dem Fett nehmen. Auf Küchenpapier abtropfen lassen.

9. Die Spritzringe vor dem Servieren mit Puderzucker bestäuben.

Die Spritzringe sollten innerhalb von 12 Stunden im Bauch landen.

Kleine Schwäne mit Blaubeeren

Ich habe lange überlegt, was man noch alles Hübsches aus Brandteig backen könnte, und bin dabei »auf den Schwan gekommen«. Er ist aber auch sehr dekorativ auf jedem Tisch oder Büfett.

ZUTATEN FÜR 20 STÜCK

FÜR DEN BRANDTEIG:
200 ml Wasser
30 g Butter
2 Prisen Salz
2 Prisen Zucker
130 g Mehl
3 Eier (Kl. M)
Butter für das Blech

FÜR DIE FÜLLUNG:
200 g frische Blaubeeren
300 g Sahne (mind. 33 %)
1½ EL Zucker
1 Päckchen Sahnesteif
1 EL Puderzucker

AUSSERDEM
1 Spritzbeutel mit Lochtülle (12 mm ø)
1 Spritzbeutel mit Lochtülle (4 mm ø)

Zubereitungszeit 1 Stunde 30 Minuten plus 35 Minuten Backzeit

ZUBEREITUNG

1. Für den Brandteig Wasser, Butter, Salz und Zucker in einem Topf zum Kochen bringen. Mehl auf einmal zugeben und mit dem Kochlöffel bei mittlerer Hitze so lange rühren, bis sich ein Klumpen bildet. Den Teigklumpen »abbrennen« und noch 1 bis 2 Minuten im Topf rühren, bis sich ein weißer Belag am Topfboden bildet. Heißen Teigkloß in eine Schüssel geben.

2. Der Teig soll noch heiß sein. Eier nacheinander mit den Rührbesen des Handrührgeräts auf niedriger Stufe unterrühren. Nur so lange rühren, bis die Masse glatt ist und glänzt. Den Teig keinesfalls schaumig rühren!

3. Den Backofen auf 200 °C (Umluft 180 °C, Gas Stufe 3-4) vorheizen. 2 Backbleche dünn einfetten oder mit Silikonmatten belegen.

4. Den Brandteig in einen Spritzbeutel mit großer Lochtülle füllen. Für die Schwanenkörper 20 tropfenförmige und 6 Zentimeter lange Tupfen auf das Blech setzen.

5. Den restlichen Brandteig in einen Spritzbeutel mit kleiner Lochtülle füllen. Auf ein weiteres Backblech 20 bis 25 Hälse in Form einer 2 dressieren – etwa 4,5 Zentimeter groß.

6. Zuerst die Tupfen im vorgeheizten Ofen auf mittlerer Schiene bei 200 °C 20 bis 25 Minuten backen. Die Ofentür nicht öffnen! Die Schwanenkörper anschließend auf einem Kuchengitter abkühlen lassen. Dann die Schwanenhälse bei 200 °C etwa 10 Minuten backen und auf einem Kuchengitter abkühlen lassen.

7. Schwanenkörper mit einem scharfen Sägemesser waagerecht halbieren. Den Deckel längs durchschneiden – das sind die Flügel.

8. Für die Füllung die Blaubeeren waschen und verlesen. Sahne mit den Rührbesen des Handrührgeräts steif schlagen, dabei Zucker und Sahnesteif einrieseln lassen.

9. Sahne in einen Spritzbeutel mit großer Lochtülle geben. Die untere Hälfte der Schwanenkörper mit Schlagsahne füllen. Schwanenhälse hineindrücken und die Flügel aufsetzen. Die Blaubeeren sanft in die Sahne drücken und die Schwäne mit Puderzucker bestäuben.

Flockentorte

Flockentorte liebt die ganze Familie. Und sie schmeckt auch wunderbar mit frischen Erdbeeren, Erdbeerkonfitüre und Minzeblättchen.

ZUTATEN FÜR 8-10 STÜCKE

FÜR DEN BRANDTEIG:
180 ml Wasser
50 g Butter
2 Prisen Salz
1 Prise Zucker
125 g Mehl
3 Eier (Kl. M)

FÜR DIE FÜLLUNG:
250 g rote Johannisbeeren (alternativ halbierte Erdbeeren)
500 g kalte Sahne (mind. 33 %)
4 EL Zucker
2 Päckchen Sahnesteif
200 g körniger Frischkäse
200 g schwarze Johannisbeerkonfitüre (alternativ Erdbeerkonfitüre)

AUSSERDEM
Backpapier
1 Springformrand (25 cm ø)
1 kleine Winkelpalette
1 EL Puderzucker zum Bestäuben

Zubereitungszeit 1 Stunde plus 30 bis 90 Minuten Backzeit

ZUBEREITUNG

1. Für den Brandteig Wasser, Butter, Salz und Zucker in einem Topf zum Kochen bringen. Mehl auf einmal zugeben und mit dem Kochlöffel bei mittlerer Hitze so lange rühren, bis sich ein Klumpen bildet. Den Teigklumpen »abbrennen« und noch 1 bis 2 Minuten im Topf rühren, bis sich ein weißer Belag am Topfboden bildet. Heißen Teigkloß in eine Schüssel geben.

2. Der Teig soll noch sehr warm sein. Eier nacheinander mit den Rührbesen des Handrührgeräts auf niedriger Stufe unterrühren. Nur so lange rühren, bis die Masse glatt ist und glänzt. Den Teig keinesfalls schaumig rühren!

3. Den Backofen auf 200 °C (Umluft 180 °C, Gas Stufe 3-4) vorheizen.

4. Auf drei Backpapierabschnitte einen Springformrand (25 Zentimeter ø) stellen und den inneren Kreis nachzeichnen. Die Backpapiere umdrehen und die unbeschriebene Seite weiterverwenden.

5. 150 Gramm Brandteig mit einer kleinen Winkelpalette im vorgezeichneten Kreis dünn verstreichen.

6. Den Boden im vorgeheizten Ofen auf mittlerer Schiene bei 200 °C 25 bis 30 Minuten goldbraun backen, bei Umluft gerne 2 Bleche auf einmal. Währenddessen die Ofentür nicht öffnen!

7. Den restlichen Teig mit Folie abdecken und zur Seite stellen, bis ein Backblech frei wird. Den dritten Boden wie beschrieben backen. Die 3 Böden auf einem Kuchengitter auskühlen lassen.

8. Für die Füllung die Johannisbeeren waschen und verlesen. Sahne mit den Rührbesen des Handrührgeräts steif schlagen, dabei Zucker und Sahnesteif einrieseln lassen. Körnigen Frischkäse verrühren und unter die Schlagsahne heben.

9. 2 Tortenböden mit Johannisbeerkonfitüre bestreichen. Den letzten Boden in 8 bis 10 Stücke schneiden.

10. Die Sahne auf den zwei Böden verstreichen, mit Johannisbeeren bestreuen und die Böden aufeinanderstapeln. Den geschnittenen Boden auf die Torte setzen und mit etwas Puderzucker bestäuben.

Biskuit

Biskuit – luftige und leichte Grundlage für viele Tortenklassiker

Für einen Biskuitteig schlage ich zuerst das Eiweiß mit dem Zucker steif, dann kommen die Eigelbe dazu, so geht es schneller und die Eimasse wird schön luftig. Anschließend wird das Mehl gesiebt und so vorsichtig wie möglich untergehoben, denn alle Luft, die Sie dabei aus dem Eischnee herausschlagen, ist für immer weg. Danach wird die luftig-schaumige Masse in die Form gefüllt und gebacken. Die Luft dehnt sich beim Backen aus und der Teig wird rundum stabil – so gelingt ein schöner, fluffiger Biskuitteig.

Übrigens: Ein richtig gemachter Biskuitteig braucht kein Backpulver. Die Backform sollte dünn ausgefettet werden oder man spannt ein Backpapier in die Springform ein. Anschließend den Teig nicht zu hoch (3 bis 4 Zentimeter) einfüllen, damit er gut bäckt und sein Volumen halten kann.

WANN IST ER FERTIG GEBACKEN?

In den ersten 20 Minuten sollte man den Ofen nicht zu oft öffnen und auch nicht am Backblech rütteln. Kurz vor Ende der Backzeit können Sie mit der Stäbchenprobe testen, ob noch Teig daran hängen bleibt. Ich fasse mit einer Hand vorsichtig auf die Oberfläche des Biskuits, denn so fühlt man, ob er in der Mitte noch wabbelig ist – falls ja, dann weiterbacken. Ein fertig gebackener Biskuit fühlt sich wie ein fester Schwamm an.

Biskuit geht beim Backen etwas auf und fällt dann beim Auskühlen wieder ein bisschen zusammen. Bevor man ihn durchschneiden kann, sollte er gut auskühlen und sich am besten 2 bis 3 Stunden ausruhen. Ich backe ihn für Torten gerne schon am Vortag. Für kleine Gebäcke wie Cupcakes kann Biskuit gleich nach dem Auskühlen verwendet werden. Und: Für Rouladen muss er noch heiß aufgerollt werden.

BISKUIT FÜR ROULADEN

Für Rouladen muss die Biskuitmasse relativ gerade auf das Backblech gestrichen werden, damit sie gleichmäßig bäckt. Darüber hinaus sollten Sie Rouladenbiskuit immer heiß und kurz backen, damit er schön elastisch und saftig ist und gut aufgerollt werden kann.

BISKUIT AROMATISIEREN

Für Geschmacksvariationen verwende ich gerne Zimt und gemahlene Haselnüsse oder mische das Mehl mit etwas Kakaopulver und Orangenschale.

Löffelbiskuits

*Im Kinderwagen gab es für mich entweder eine Brezel oder einen Löffelbiskuit in die Hand —
der erste Keks to go!*

ZUTATEN FÜR 20 STÜCK

2 Eier (Kl. M)
1 Prise Salz
50 g Zucker
50 g Mehl
2 EL Zucker zum Bestreuen

AUSSERDEM

Backpapier
1 Spritzbeutel mit Lochtülle (13 mm ⌀)

*Zubereitungszeit 15 Minuten plus
18 Minuten Backzeit*

ZUBEREITUNG

1. Den Backofen auf 180 °C (Umluft 160 °C, Gas Stufe 2-3) vorheizen.

2. Für den Biskuitteig die Eier trennen. Eiweiß und Salz mit den Rührbesen des Handrührgeräts steif schlagen, dabei den Zucker einrieseln lassen. Die Eigelbe zugeben und kurz weiterschlagen. Mehl mit einem Schneebesen unterheben, dabei nicht unnötig rühren, sodass die Biskuitmasse schön luftig bleibt.

3. Ein Backblech mit Backpapier auslegen.

4. Biskuitmasse in einen Spritzbeutel mit großer Lochtülle füllen. Etwa 20 Stangen à 10 Zentimeter auf das Backpapier spritzen und mit etwas Zucker bestreuen.

5. Löffelbiskuits im vorgeheizten Ofen auf mittlerer Schiene bei 180 °C 15 bis 18 Minuten zartbraun backen.

6. Anschließend die Löffelbiskuits herausnehmen und auf dem Backpapier abkühlen lassen.

*Wenn die Löffelbiskuits lange knusprig bleiben sollen,
einfach nach dem Abkühlen in eine luftdichte Dose legen,
dort halten sie sich gut 1 Woche.*

TIPP

Sie können die Löffelbiskuits vor dem Backen auch kräftig mit Puderzucker bestäuben, das gibt eine hübsche Oberfläche.

Passionsfrucht-Charlotte

Ein tolles Dessert, da es sich sehr gut vorbereiten lässt. Ich liebe dieses Rezept — besonders für sonnige,
heiße Nachmittage (statt Kuchen).

ZUTATEN FÜR 8-10 STÜCKE

FÜR DIE LÖFFELBISKUITS:
3 Eier (Kl. M)
1 Prise Salz
75 g Zucker
75 g Mehl
3 EL Puderzucker zum Bestäuben

FÜR DIE CREME:
4 Blatt weiße Gelatine
150 ml Passionsfruchtsaft
75 g Gelierzucker 2:1
6 Passionsfrüchte
150 g Vollmilch-Joghurt
400 g Sahne (mind. 30 % Fett)
2-3 EL Zucker

AUSSERDEM
Backpapier
1 Spritzbeutel mit Lochtülle (13 mm ø)
1 kleine Metallschüssel mit geraden
Wänden (1 Liter Inhalt)

Zubereitungszeit 50 Minuten plus 5 Stunden
Kühlzeit und 18 Minuten Backzeit

ZUBEREITUNG

1. Den Backofen auf 180 °C (Umluft 160 °C, Gas Stufe 2-3) vorheizen.

2. Für die Löffelbiskuits die Eier trennen. Eiweiß und Salz mit den Rührbesen des Handrührgeräts steif schlagen, dabei den Zucker einrieseln lassen, Eigelbe zugeben und kurz weiterschlagen. Mehl mit einem Schneebesen unterheben, dabei nicht unnötig rühren, sodass die Biskuitmasse schön luftig bleibt.

3. Ein Backblech mit Backpapier auslegen. Biskuitmasse in einen Spritzbeutel mit großer Lochtülle füllen. 30 Stangen à 9 Zentimeter auf das Backpapier spritzen und mit etwas Puderzucker bestäuben.

4. Löffelbiskuits im vorgeheizten Ofen auf mittlerer Schiene bei 180 °C 15 bis 18 Minuten zartbraun backen. Anschließend auf dem Backpapier abkühlen lassen.

5. Für die Creme Gelatineblätter in kaltem Wasser einweichen.

6. Passionsfruchtsaft mit Gelierzucker zum Kochen bringen, kurz kochen lassen und in eine Schüssel umfüllen. Gelatineblätter gut ausdrücken und im heißen Saft auflösen.

7. 5 Passionsfrüchte halbieren und auskratzen. Joghurt und Passionsfruchtmark unter den heißen Saft rühren.

8. 300 Gramm Sahne steif schlagen, dabei 2 bis 3 Esslöffel Zucker einrieseln lassen. Die geschlagene Sahne unter die zimmerwarme Passionsfruchtmasse heben.

9. Eine Metallschüssel mit Frischhaltefolie auslegen. Die Hälfte der Creme in die Schüssel geben, darauf 3 bis 5 Löffelbiskuits verteilen, restliche Creme daraufgießen und dicht an dicht die Löffelbiskuits darauflegen. Die Schüssel mit Frischhaltefolie bedecken und 4 bis 5 Stunden kalt stellen.

10. Durchgekühlte Passionsfruchtcreme auf eine Tortenplatte stürzen und die Folie abziehen. Restliche Sahne steif schlagen und die Charlotte dünn damit einstreichen. Rundum Löffelbiskuits auf die Sahne kleben. Die restliche Passionsfrucht halbieren, auskratzen und die Oberfläche mit dem Passionsfruchtmark dekorieren.

Käsesahne-Cupcakes

Die Käsesahne-Torte mit frischen Erdbeeren war jedes Jahr mein Geburtstagskuchen. Hier habe ich eine handliche Variante in Form von Cupcakes für Sie!

ZUTATEN FÜR 12 CUPCAKES

FÜR DEN BISKUIT:
4 Eier (Kl. M)
1 Prise Salz
100 g Zucker
110 g Mehl

FÜR DIE FÜLLUNG:
3 Blatt weiße Gelatine
3 EL Zucker
250 g Magerquark (zimmerwarm)
1 TL Zitronenzucker (siehe Rezept Seite 18)
1 TL Vanillezucker (siehe Rezept Seite 18)
12 kleine Erdbeeren (alternativ Himbeeren)
250 g Sahne

AUSSERDEM
1 Muffinblech
12 Papierförmchen
1 Spritzbeutel
1 Spritzbeutel mit Lochtülle (13 mm ø)
2 EL Puderzucker zum Bestäuben

 Zubereitungszeit 1 Stunde plus 30 Minuten Kühlzeit und 25 Minuten Backzeit

Das Bild zum Rezept finden Sie auf Seite 113 hinten.

ZUBEREITUNG

1. Den Backofen auf 180 °C (Umluft 160 °C, Gas Stufe 2-3) vorheizen.

2. Für den Biskuit die Eier trennen. Eiweiß und Salz mit den Rührbesen des Handrührgeräts steif schlagen, dabei den Zucker einrieseln lassen. Eigelbe zugeben und kurz weiterschlagen. Mehl mit einem Schneebesen unterheben, dabei nicht unnötig rühren, sodass die Biskuitmasse schön luftig bleibt.

3. Das Muffinblech mit Papierförmchen auslegen. Biskuit in einen Spritzbeutel füllen und gleichmäßig in den Papierförmchen verteilen.

4. Die kleinen Biskuits im vorgeheizten Ofen auf mittlerer Schiene bei 180 °C 22 bis 25 Minuten zartbraun backen.

5. Die Cupcakes noch heiß aus der Form nehmen und auf einem Kuchengitter auskühlen lassen. Anschließend den Deckel abschneiden und etwas Biskuitteig herauszupfen, sodass sie ausgehöhlt sind.

6. Für die Füllung Gelatineblätter in kaltem Wasser einweichen. Anschließend die Gelatine gut ausdrücken.

7. Ausgedrückte Gelatine, 1 Esslöffel Zucker, 2 Esslöffel Quark, Zitronenzucker und Vanillezucker in einem Topf unter Rühren bei milder Hitze auflösen. Restlichen Quark und 2 Esslöffel Zucker unter die Gelatinemasse rühren und in eine Schüssel umfüllen.

8. Die Erdbeeren waschen, putzen und trocknen. Die Sahne steif schlagen und kalt stellen.

9. Wenn die Quarkmasse auf Zimmertemperatur abgekühlt ist, die Sahne mit einem Schneebesen unterheben. Dann die Quarksahne in einen Spritzbeutel mit großer Lochtülle füllen.

10. Je 1 kleine Erdbeere in die ausgehöhlten Cupcakes setzen. Großzügig Quarksahne daraufspritzen, den Biskuitdeckel daraufsetzen und 30 Minuten kalt stellen.

11. Käsesahne-Cupcakes vor dem Servieren großzügig mit Puderzucker bestäuben.

Tiramisu-Cupcakes

Ich nehme gerne etwas mehr Likör zum Tränken. So hat man in meinem Lehrbetrieb immer gewusst, wann ich die Tiramisu-Torte gebacken hatte!

ZUTATEN FÜR 12 CUPCAKES

FÜR DEN BISKUIT:
4 Eier (Kl. M)
1 Prise Salz
100 g Zucker
80 g Mehl
50 g gemahlene Mandeln

FÜR DIE FÜLLUNG:
50 ml kalter Espresso
(alternativ starker Kaffee)
4 EL Amaretto-Likör (alternativ Weinbrand)
300 g Mascarpone (zimmerwarm)
300 g Crème fraîche
3 EL Zucker

FÜR DIE DEKORATION:
2 EL Kakaopulver zum Bestäuben
12 Kaffeebohnen
(alternativ Schokoladenbohnen)

AUSSERDEM
1 Muffinblech
12 Papierförmchen
1 Spritzbeutel
1 Spritzbeutel mit Lochtülle (12-13 mm ø)

 Zubereitungszeit 50 Minuten plus 30 Minuten Kühlzeit und 25 Minuten Backzeit

Das Bild zum Rezept finden Sie auf Seite 113 rechts.

ZUBEREITUNG

1. Den Backofen auf 180 °C (Umluft 160 °C, Gas Stufe 2-3) vorheizen.

2. Für den Biskuit die Eier trennen. Eiweiß und Salz mit den Rührbesen des Handrührgeräts steif schlagen, dabei den Zucker einrieseln lassen. Eigelbe zugeben und kurz weiterschlagen. Mehl und Mandeln mischen und mit einem Schneebesen unterheben, dabei nicht unnötig rühren, sodass die Biskuitmasse schön luftig bleibt.

3. Das Muffinblech mit Papierförmchen auslegen.

4. Biskuitteig in einen Spritzbeutel füllen und gleichmäßig in den Papierförmchen verteilen. Die Biskuits im vorgeheizten Ofen auf mittlerer Schiene bei 180 °C 22 bis 25 Minuten zartbraun backen.

5. Die Cupcakes noch warm aus der Form nehmen und auf einem Kuchengitter auskühlen lassen. Anschließend den Deckel der Cupcakes abschneiden und etwas Biskuitteig herauszupfen, sodass sie ausgehöhlt sind.

6. Für die Füllung Espresso und Amaretto-Likör mischen. Die Cupcakes innen mit der Mischung beträufeln. Den herausgezupften Biskuit auf einen Teller legen und ebenfalls beträufeln.

7. Mascarpone, Crème fraîche und Zucker mit den Rührbesen des Handrührgeräts steif schlagen – dabei die Creme nicht zu lange schlagen, da sie schnell zu fest wird.

8. Die Creme in einen Spritzbeutel mit großer Lochtülle füllen.

9. Je 1 Tupfen Creme in die ausgehöhlten Cupcakes spritzen. Die getränkten Biskuitbrösel auf der Creme verteilen, wieder einen dicken Tupfen Creme auf jeden Cupcake spritzen und den Biskuitdeckel daraufsetzen. Die Cupcakes mit einem weiteren Tupfen Creme dekorieren und anschließend 30 Minuten kalt stellen.

10. Tiramisu-Cupcakes vor dem Servieren mit Kakaopulver bestäuben und jeweils mit einer Kaffeebohne dekorieren.

Schwarzwälder-Kirsch-Cupcakes

Die Schwarzwälder Kirschtorte ist des Deutschen liebstes Kind und auf der ganzen Welt in unzähligen Variationen zu finden! Für meine Creme verwende ich beispielsweise keine Gelatine.

ZUTATEN FÜR 12 CUPCAKES

FÜR DIE FÜLLUNG:
250 g weiße Kuvertüre
450 g Sahne (mind. 30 % Fett)
1 kleines Glas Sauerkirschen
(Abtropfgewicht 170 g) oder 170 g frische,
entsteinte Kirschen
4 EL Kirschwasser oder Kirschsaft

FÜR DEN BISKUIT:
4 Eier (Kl. M)
1 Prise Salz
100 g Zucker
80 g Mehl
2 EL Kakaopulver
2 EL Zartbitter-Schokoladenraspeln

FÜR DIE DEKORATION:
4 EL weiße Schokoladenraspeln oder frisch
geschabte Schokoladenspäne
Kakaopulver zum Bestäuben

AUSSERDEM
1 Muffinblech
12 Papierförmchen
1 Spritzbeutel
1 Spritzbeutel mit Sterntülle (10 mm ø)

 Zubereitungszeit 50 Minuten plus 1 Stunde 30 Minuten Kühlzeit und 22 Minuten Backzeit

Das Bild zum Rezept finden Sie auf Seite 113 links.

ZUBEREITUNG

1. Für die Füllung die weiße Kuvertüre hacken und in eine Schüssel geben. Sahne in einem Topf zum Kochen bringen, über die Kuvertüre gießen und ab und zu umrühren, bis alles geschmolzen ist. Anschließend die Schokoladensahne kalt stellen.

2. Den Backofen auf 180 °C (Umluft 160 °C, Gas Stufe 2-3) vorheizen.

3. Für den Biskuit die Eier trennen. Eiweiß und Salz mit den Rührbesen des Handrührgeräts steif schlagen, dabei den Zucker einrieseln lassen. Eigelbe zugeben und kurz weiterschlagen. Mehl und Kakaopulver mischen und sieben. Schokoladenraspeln und Mehlmischung mit einem Schneebesen unterheben, dabei nicht unnötig rühren, sodass die Biskuitmasse schön luftig bleibt.

4. Das Muffinblech mit Papierförmchen auslegen. Biskuitteig in einen Spritzbeutel füllen, den Teig gleichmäßig in den Papierförmchen verteilen und im vorgeheizten Ofen auf mittlerer Schiene bei 180 °C 22 bis 25 Minuten backen.

5. Die Cupcakes noch heiß aus der Form nehmen und auf einem Kuchengitter auskühlen lassen. Anschließend den Deckel abschneiden und etwas Biskuitteig herauszupfen, sodass sie ausgehöhlt sind.

6. Die Kirschen abtropfen lassen. Die abgekühlte Schokoladensahne mit den Rührbesen des Handrührgeräts steif schlagen. Die Creme nicht zu lange schlagen, da sie schnell grieselig wird.

7. Cupcakes und Biskuitdeckel mit Kirschwasser oder Kirschsaft beträufeln.

8. Die Creme in einen Spritzbeutel mit großer Sterntülle füllen. Je 1 dicken Kringel Creme in die ausgehöhlten Cupcakes spritzen.

9. 3 bis 4 abgetropfte Kirschen in die Mitte setzen, den Biskuitdeckel daraufsetzen und einen weiteren Kringel Creme auf die Cupcakes spritzen. Cupcakes mit weißen Schokoladenspänen und restlichen Kirschen dekorieren. Anschließend 30 Minuten kalt stellen.

10. Schwarzwälder-Kirsch-Cupcakes vor dem Servieren mit etwas Kakaopulver bestäuben.

Johannisbeerbaiser

Süß, sauer und saftig — wenn ich einen Kuchen so beschreibe, ist er schon so gut wie verkauft!
Dieser Kuchen ist die leckerste Art, die vielen Johannisbeeren aus dem Garten zu verbacken.

ZUTATEN FÜR 10 STÜCKE

FÜR DEN BISKUIT:
100 g gehobelte Mandeln
3 Eier (Kl. M)
1 Prise Salz
100 g Zucker
2 Eigelbe (Kl. M)
100 g Mehl

FÜR FÜLLUNG UND BAISER:
600 g rote Johannisbeeren
(frisch oder tiefgekühlt)
30 g Speisestärke
6 EL Wasser oder Wein
120 g Zucker
10 frische Rosmarinnadeln
2 Eiweiß (Kl. M)

FÜR DIE DEKORATION:
1 kleiner Rosmarinzweig

AUSSERDEM
Backpapier
1 Springform (26 cm ø)

Zubereitungszeit 1 Stunde plus 1 Stunde
Kühlzeit und 40 Minuten Backzeit

Sie benötigen für das Rezept insgesamt
5 Eier: 5 Eigelbe plus 5 Eiweiß.

ZUBEREITUNG

1. Den Backofen auf 180 °C (Umluft 160 °C, Gas Stufe 2-3) vorheizen. Ein Blatt Backpapier etwas größer als die Springform zuschneiden, auf den Boden legen und in den Springformring einspannen (nicht einfetten!). 2 Esslöffel gehobelte Mandeln zur Seite legen. Die restlichen Mandeln auf dem Boden der Form verteilen.

2. Eier trennen. Eiweiß und Salz mit den Rührbesen des Handrührgeräts steif schlagen, den Zucker einrieseln lassen. Eigelbe zugeben und kurz weiterschlagen. Mehl mit einem Schneebesen unterheben.

3. Biskuit in die Springform füllen, glatt streichen und im vorgeheizten Ofen auf einem Backrost auf mittlerer Schiene bei 180 °C 30 bis 35 Minuten backen. Auf einem Kuchengitter auskühlen lassen.

4. Für die Füllung die Johannisbeeren waschen, zupfen und verlesen.

5. Speisestärke mit 6 Esslöffeln Wasser oder Wein klümpchenfrei verrühren. Johannisbeeren und 60 Gramm Zucker in einem Topf erhitzen. Wenn die Johannisbeeren etwas Saft gelassen haben, die Speisestärkemischung zugeben und unter ständigem Rühren aufkochen. Etwas köcheln lassen, dann von der Herdplatte nehmen.

6. Den ausgekühlten Biskuit aus der Springform schneiden und waagerecht halbieren. Die Springform säubern. Den unteren Biskuitboden in die Springform legen, die Springform schließen, die heißen Johannisbeeren darauf verteilen und den zweiten Boden auflegen.

7. Den Backofen auf 240 °C (Umluft 220 °C bzw. nur Grillfunktion, Gas Stufe 5-6) vorheizen.

8. Rosmarinnadeln fein hacken. Eiweiß mit den Rührbesen des Handrührgeräts steif schlagen, währenddessen 60 Gramm Zucker einrieseln lassen. Die Baisermasse so lange schlagen, bis sie dickcremig ist. Rosmarin unterheben, die Baisermasse auf dem Biskuit wellig verstreichen, dabei zum Rand hin 1 Zentimeter Abstand halten.

9. Den Kuchen mit den restlichen Mandeln bestreuen und im vorgeheizten Ofen auf mittlerer Schiene bei 240 °C 4 bis 6 Minuten braun werden lassen. Anschließend auskühlen lassen, aus der Form nehmen und mit einem Rosmarinzweig dekorieren.

Erdbeerroulade

In der Erdbeerzeit eine schnelle, schöne Rolle, die etwas Abwechslung zum normalen Erdbeerkuchen bietet.

ZUTATEN FÜR 10 STÜCKE

FÜR DEN BISKUIT:
5 Eier (Kl. M)
1 Prise Salz
120 g Zucker
120 g Mehl
25 g gemahlene Pistazien
Zucker zum Bestreuen

FÜR DIE CREME:
4 Blatt weiße Gelatine
200 g Erdbeeren
150 g Erdbeerkonfitüre
400 g Sahne

FÜR DIE DEKORATION:
2 EL Puderzucker zum Bestäuben

AUSSERDEM
Backpapier
1 sauberes Geschirrtuch

Zubereitungszeit 40 Minuten plus 2 Stunden Kühlzeit und 10 Minuten Backzeit

ZUBEREITUNG

1. Den Backofen auf 210 °C (Umluft 190 °C, Gas Stufe 4) vorheizen.

2. Für den Biskuit die Eier trennen. Eiweiß und Salz mit den Rührbesen des Handrührgeräts steif schlagen, dabei den Zucker einrieseln lassen. Eigelbe zugeben und kurz weiterschlagen. Mehl und Pistazien mischen und mit einem Schneebesen unterheben.

3. Ein Backblech mit Backpapier auslegen.

4. Den Biskuitteig gleichmäßig und gerade auf das Backpapier streichen, damit er gleichmäßig bäckt. Biskuit im vorgeheizten Ofen auf mittlerer Schiene bei 210 °C 7 bis 10 Minuten backen.

5. Ein sauberes Geschirrtuch anfeuchten, auswringen und mit etwas Zucker bestreuen. Den Biskuit noch heiß auf das Geschirrtuch stürzen und das Backpapier abziehen. Biskuit mit dem Geschirrtuch an der langen Seite locker aufrollen und auskühlen lassen.

6. Für die Creme Gelatineblätter in kaltem Wasser einweichen.

7. Erdbeeren waschen, putzen, trocknen und je nach Größe halbieren oder vierteln.

8. Die eingeweichte Gelatine ausdrücken und in einen Topf geben. 75 Gramm Erdbeerkonfitüre hinzufügen und unter Rühren bei milder Hitze auflösen. Anschließend die Mischung in eine Schüssel umfüllen und weitere 75 Gramm Erdbeerkonfitüre unterrühren.

9. Die Sahne steif schlagen. Sobald die Erdbeerkonfitüre auf Raumtemperatur abgekühlt ist, Sahne mit einem Schneebesen unterheben.

10. Biskuitrolle wieder entrollen und auf der Backpapierseite gleichmäßig mit Erdbeersahne bestreichen. Nach oben hin einen 5 Zentimeter breiten sahnefreien Streifen freilassen. Die Erdbeeren auf der Sahnecreme verteilen und von unten die Roulade mithilfe des Geschirrtuchs aufrollen. Die Roulade mit der Naht nach unten auf eine Platte setzen und 2 Stunden kalt stellen.

11. Die Erdbeerroulade vor dem Servieren großzügig mit Puderzucker bestäuben.

Petit Fours

Petit Fours sind mein täglich Brot in der Backstube. Wir dekorieren sie für Taufen, Hochzeiten und Geburtstage mit Blümchen, Schmetterlingen, Zahlen und allem, was das Auge erfreut!

ZUTATEN FÜR 50 STÜCK

FÜR DIE ZUCKERBLÜMCHEN:
1½ EL Puderzucker
100 g Rollfondant
gelbe Speisefarbe

FÜR DEN BISKUIT:
50 g Butter
4 Eier (Kl. M)
1 Prise Salz
100 g Zucker
80 g Mehl
60 g gemahlene Mandeln

FÜR DIE FÜLLUNG:
1 Glas schwarze
Johannisbeerkonfitüre (340 g)
200 g Butter
250 g Marzipanrohmasse

FÜR DEN GUSS:
700 g Puderzucker
3 EL flüssiger Honig
70 ml Wasser
40 ml Zitronensaft
Speisefarbe nach Belieben (rosa, lila, grün)

AUSSERDEM
leere Pralinen-Plastikmulden (von Toffifee)
Mini-Ausstechformen in Blütenformen
1 Mini-Spritzbeutel mit Lochtülle (2-3 mm ø)
1 kleine tiefe Schüssel, Backpapier
1 Pralinengabel (2- bis 3-zackig)
1 Pralinengitter, 1 kleine Winkelpalette
ca. 50 Papierkapseln

 Zubereitungszeit 3 Stunden plus 10 Stunden Trockenzeit plus 8 Stunden Kühlzeit und 10 Minuten Backzeit

ZUBEREITUNG

1. Für die Zuckerblümchen die Arbeitsfläche sehr dünn mit dem Puderzucker bestäuben. Den Rollfondant 1,5 Millimeter dick ausrollen und Blumen ausstechen. Die Blümchen zum Trocknen in leere Pralinen-Plastikmulden legen.

2. Puderzucker mit einigen Tropfen Wasser und etwas gelber Speisefarbe dicksämig verrühren. Masse in einen Mini-Spritzbeutel mit kleiner Lochtülle füllen und in die Blumenmitten spritzen. Zuckerblümchen über Nacht trocknen lassen.

3. Den Backofen auf 200 °C (Umluft 180 °C, Gas Stufe 3-4) vorheizen.

4. Für den Biskuit die Butter zerlassen. Eier trennen. Eiweiß und Salz mit den Rührbesen des Handrührgeräts steif schlagen, währenddessen den Zucker einrieseln lassen. Eigelbe zugeben und kurz weiterschlagen. Mehl mit den gemahlenen Mandeln mischen und mit dem Schneebesen unterheben. Zuletzt die flüssige Butter unterrühren.

5. Ein Backblech mit Backpapier auslegen und den Biskuitteig gleichmäßig und gerade darauf verstreichen. Biskuit im vorgeheizten Ofen auf mittlerer Schiene bei 200 °C 7 bis 10 Minuten backen. Biskuit noch heiß vom Blech nehmen, auf ein Backrost legen und auskühlen lassen.

6. Für die Füllung Johannisbeerkonfitüre und 2 Esslöffel Wasser in einem Topf aufkochen. Anschließend die Konfitüre durch ein Sieb streichen, lauwarm abkühlen lassen, Butter in kleinen Stücken zugeben und mit den Rührbesen des Handrührgeräts dickschaumig aufschlagen. Ist die Creme zu weich, kurz in den Kühlschrank stellen und dann weiterschlagen. Ist sie zu fest, die Schüssel kurz in ein heißes Wasserbad stellen.

7. Das Backpapier vom Biskuit abziehen und den Biskuit halbieren. Eine Hälfte mit Zweidritteln der Creme bestreichen. Die zweite Biskuithälfte auf die Creme legen und die restliche Creme gleichmäßig darauf verstreichen.

8. Marzipanrohmasse durchkneten und auf etwas Puderzucker so groß wie die Petit-Fours-Platte ausrollen und auf die Cremeschicht legen. Ein Blatt Backpapier auf den Petit Fours platzieren.

Mit einem geraden Brett (oder Tablett) bedecken, mit 2 bis 3 Tetrapacks beschweren und über Nacht in den Kühlschrank stellen.

9. Petit-Fours-Platte in 3 Zentimeter große Würfel schneiden. Dazu im Marzipan mit einem Messer die Quadrate anzeichnen, dann schneiden. Währenddessen das Messer immer wieder abwischen, damit die Schnittkanten sauber sind. Anschließend kühl stellen.

10. Für den Guss Puderzucker, Honig, Wasser und Zitronensaft in einem kleinen Topf klümpchenfrei verrühren.

11. Alles zum Überziehen vorbereiten: Eine kleine tiefe Schüssel für den Zuckerguss bereitstellen, eine Pralinengabel oder eine Gabel zurechtlegen und das Pralinengitter auf ein Tablett stellen.

12. Den Zuckerguss im Topf unter Rühren auf etwa 35 °C erhitzen. Zuckerguss in eine kleine tiefe Schüssel umfüllen und nach Belieben mit der Speisefarbe einfärben.

13. Petit-Fours-Würfel mit der Marzipandecke nach unten in den Zuckerguss 2,5 Zentimeter tief eintauchen. Zum Herausnehmen einen Finger auf den Biskuitboden legen und die Gabel an der eingetunkten Marzipanoberfläche einstechen. Etwas abtropfen lassen und mit der zuckergussfreien Biskuitseite auf das Gitter setzen.

14. Den abgetropften Zuckerguss nach der Hälfte der Arbeit zusammenkratzen, zum übrigen Zuckerguss geben und leicht erwärmen. Wenn nur noch wenig Zuckerglasur in der Schüssel ist, die restlichen Petit Fours direkt auf dem Gitter mit dem Zuckerguss übergießen. Petit Fours auf dem Gitter 1 bis 2 Stunden trocknen lassen.

15. Mithilfe einer kleinen Winkelpalette die Petit Fours vom Gitter schneiden und in Papierkapseln setzen oder auf ein mit gemahlenen Mandeln bestreutes Tablett. Petit Fours anschließend mit den Zuckerblümchen dekorieren.

Die Petit Fours schmecken frisch am besten und halten sich 3 bis 4 Tage.

TIPP

Beim Dekorieren der Petit Fours sind Ihrer Fantasie keine Grenzen gesetzt: Alles, was essbar, klein und hübsch ist, darf auf die süßen Quadrate! Ich finde auch gezuckerte frische Gänseblümchen oder silberne Zuckerperlen hübsch.

Banana-Josefine-Torte

Meine absolute Lieblingstorte aus der Harrods-Backstube. Die besondere Kombination von Banane und Marzipan ist eine wirkliche Geschmacksüberraschung!

ZUTATEN FÜR 10 STÜCKE

FÜR DEN BISKUIT:
4 Eier (Kl M.)
1 Prise Salz
100 g Zucker
80 g Mehl
60 g gemahlene Haselnüsse
½ TL gemahlener Zimt

FÜR DIE FÜLLUNG:
250 ml Milch
1 EL Vanillezucker (siehe Rezept Seite 18)
½ Päckchen Vanille-Puddingpulver (20 g)
100 g Marzipanrohmasse
3 Bananen (600 g)
250 g Butter
80 ml Orangensaft

FÜR DIE DEKORATION:
25 g gehackte, geröstete Haselnüsse
1 EL Orangensaft

AUSSERDEM
Backpapier
1 Springform (20 cm ø)
1 Spritzbeutel mit Lochtülle (8 mm ø)

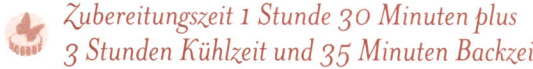
Zubereitungszeit 1 Stunde 30 Minuten plus 3 Stunden Kühlzeit und 35 Minuten Backzeit

ZUBEREITUNG

1. Den Backofen auf 180 °C (Umluft 160 °C, Gas Stufe 2-3) vorheizen.

2. Für den Biskuit die Eier trennen. Eiweiß und Salz mit den Rührbesen des Handrührgeräts steif schlagen, dabei den Zucker einrieseln lassen. Eigelbe zugeben und kurz weiterschlagen. Mehl, Haselnüsse und Zimt mischen und mit einem Schneebesen unterheben.

3. Ein Blatt Backpapier etwas größer als die Springform zuschneiden, auf den Boden legen und in den Springformring einspannen. Die Biskuitmasse einfüllen, glatt streichen und im vorgeheizten Ofen auf mittlerer Schiene bei 180 °C 30 bis 35 Minuten backen. Anschließend in der Form auf einem Gitter vollständig auskühlen lassen.

4. 200 Milliliter Milch in einem Topf zum Kochen bringen. 50 Milliliter Milch mit Vanillezucker und Puddingpulver klümpchenfrei verrühren und in die kochende Milch rühren. Den Pudding unter ständigem Rühren 1 Minute köcheln lassen, dann vom Herd nehmen.

5. Marzipan in kleine Stücke zupfen. Mit den Rührbesen des Handrührgeräts Marzipan unter den heißen Pudding rühren, Pudding mit Folie abdecken und etwas abkühlen lassen.

6. 2 ½ Bananen schälen, längs und quer halbieren. Bananen in einer Pfanne in 15 Gramm Butter von beiden Seiten goldbraun anbraten. 235 Gramm Butter in Würfel schneiden. Den lauwarmen Marzipanpudding mit den Rührbesen des Handrührgeräts schaumig rühren. Nach und nach die Butterwürfel zugeben und fluffig aufschlagen.

7. Biskuit aus der Form lösen und zweimal waagerecht durchschneiden. Die Hälfte der Bananen auf einem Biskuitboden verteilen. Ein Viertel der Marzipancreme auf den Bananen verstreichen, den mittleren Biskuitboden daraufsetzen und mit etwas Orangensaft beträufeln. Restliche Bananen auf dem Biskuitboden verteilen. Wieder ein Viertel der Marzipancreme auf den Bananen verstreichen, oberen Biskuitboden daraufsetzen und mit Orangensaft beträufeln.

8. Die Torte rundum mit Creme einstreichen. Restliche Creme in einen Spritzbeutel füllen und Tupfen aufspritzen. 1 bis 2 Stunden kalt stellen. Restliche Banane klein schneiden, mit Orangensaft beträufeln. Die Torte mit Haselnüssen und Bananenscheiben dekorieren.

Amarenakirsch-Eisbombe

Mit oder ohne Feuerwerk war die Eisbombe der Höhepunkt beim Abschiedsdinner auf dem Kreuzfahrtschiff MS Europa. Sie sind ganz herzlich eingeladen!

ZUTATEN FÜR 10 STÜCKE

FÜR DEN BISKUIT:
2 Eier (Kl. M)
1 Eiweiß
50 g Zucker
50 g Mehl

FÜR DAS PARFAIT:
1 Glas Amarenakirschen
(Abtropfgewicht 130 g)
250 g Sahne (mind. 30 %)
3 Eigelbe (Kl. M)
50 g Zucker
1 Eiweiß (Kl. M)
2 EL Zartbitter-Schokoladenraspeln

FÜR DEN BAISER:
2 Eiweiß (Kl. M)
70 g Zucker

AUSSERDEM
Backpapier
1 Springform (20 cm ø)
1 runde Schüssel (1 bis 1,5 l)
1 Bunsenbrenner

 Zubereitungszeit 50 Minuten plus 9 Stunden Kühlzeit und 25 Minuten Backzeit

Sie benötigen für das Rezept insgesamt 6 Eier: 5 Eigelbe plus 6 Eiweiß.

ZUBEREITUNG

1. Den Backofen auf 180 °C (Umluft 160 °C, Gas Stufe 2-3) vorheizen. Für den Biskuit die Eier trennen. 3 Eiweiß mit den Rührbesen des Handrührgeräts steif schlagen, dabei den Zucker einrieseln lassen. Eigelbe zugeben und kurz weiterschlagen. Das Mehl mit einem Schneebesen unterheben.

2. Ein Blatt Backpapier etwas größer als die Springform zuschneiden, auf den Boden legen und in den Springformring einspannen.

3. Die Biskuitmasse in die Form füllen, glatt streichen und im vorgeheizten Ofen auf mittlerer Schiene bei 180 °C 20 bis 25 Minuten backen. Biskuit in der Form auf einem Kuchengitter vollständig auskühlen lassen.

4. Für das Parfait die Amarenakirschen abtropfen lassen, dabei den Saft auffangen und 1 Kirsche zur Seite legen. Restliche Kirschen halbieren. Sahne steif schlagen und kalt stellen. Die Eigelbe mit 25 Gramm Zucker mit den Rührbesen des Handrührgeräts dickschaumig aufschlagen. Das Eiweiß in einer zweiten Schüssel mit den Rührbesen des Handrührgeräts steif schlagen, dabei 25 Gramm Zucker einrieseln lassen.

5. Eigelbmasse und Eiweiß mit einem Schneebesen unter die Sahne heben. Halbierte Kirschen und Schokoladenraspeln unterziehen. Eine runde Schüssel mit Frischhaltefolie auslegen und fast die Hälfte der Masse einfüllen.

6. Biskuit aus der Form lösen und einmal waagerecht durchschneiden. Einen Biskuitboden etwas zurechtschneiden, auf die Parfaitmasse legen und den Biskuit mit Amarenakirschsaft beträufeln. Restliche Eismasse in der Schüssel verteilen. Den zweiten Biskuitboden ebenfalls mit Kirschsaft beträufeln und mit der Saftseite auf die Eismasse legen. Schüssel mit Folie abdecken und die Eisbombe mindestens 6 Stunden, am besten über Nacht, einfrieren.

7. Für den Baiser Eiweiß steif schlagen, dabei den Zucker einrieseln lassen. 2 bis 3 Minuten weiterschlagen, bis sich die Zuckerkristalle gelöst haben. Die durchgefrorene Eisbombe aus der Form nehmen, Folie abziehen und mit dem Baiser bestreichen. Baiser mit einem Bunsenbrenner abflämmen und mit der Amarenakirsche garnieren.

Schokotörtchen

Backen Sie gerne und lieben Sie Herausforderungen? Dann sind diese leckeren Törtchen genau das Richtige! Ich habe diese raffinierte Art von Biskuit von »den Franzosen« im Harrods gelernt.

ZUTATEN FÜR 10 STÜCK

FÜR DIE SCHOKOLADENSAHNE:
100 g Zartbitter-Kuvertüre
350 g Sahne
1 TL Orangenzucker (siehe Rezept Seite 18)

FÜR DIE BRAUNE DEKORMASSE:
20 g weiche Butter
20 g Puderzucker
15 g Eiweiß (von den Eiern des Biskuits)
10 g Mehl
5 g Kakaopulver

FÜR DEN BISKUIT:
30 g Butter
3 Eier (Kl. M) (minus 15 g für die Dekormasse)
1 Prise Salz
75 g Puderzucker
30 g Mehl
70 g blanchierte, gemahlene Mandeln

FÜR DIE DEKORATION:
3 EL Schokoladenspäne
(Zartbitter oder weiß)

AUSSERDEM
1 Plastikspritzbeutel
Backpapier
1 Winkelpalette
10 Büroklammern
1 Spritzbeutel mit Sterntülle (10 mm ø)

Zubereitungszeit 3 Stunden plus 3 Stunden Kühlzeit und 8 Minuten Backzeit

ZUBEREITUNG

1. Für die Schokoladensahne die Kuvertüre fein hacken. Sahne und Orangenzucker aufkochen. Kuvertüre in die heiße Sahne rühren und schmelzen lassen, durchrühren oder mit einem Stabmixer kurz mixen. Dann kalt stellen.

2. Für die Dekormasse Butter, Puderzucker, Eiweiß, Mehl und Kakaopulver mit den Rührbesen des Handrührgeräts glatt und leicht schaumig schlagen.

3. Ein Backblech mit Backpapier auslegen. Die Dekormasse in einen Plastikspritzbeutel füllen und die Spitze dünn abschneiden. Wellen und Herzen auf das Backpapier spritzen. Das Backblech samt Backpapier mindestens 15 Minuten in den Gefrierschrank stellen.

4. Den Backofen auf 200 °C (Umluft 180 °C, Gas Stufe 3-4) vorheizen. Für den Biskuit die Butter zerlassen. Eier trennen, Eiweiß und Salz mit den Rührbesen des Handrührgeräts steif schlagen, dabei den Puderzucker löffelweise zugeben. Eigelbe zugeben und kurz weiterschlagen. Mehl und Mandeln mischen und mit einem Schneebesen unterheben. Zuletzt die flüssige Butter unterheben.

5. Biskuitmasse mit einer Winkelpalette gleichmäßig auf dem tiefgekühlten Muster verstreichen. Den Biskuit im vorgeheizten Ofen auf mittlerer Schiene bei 200 °C 6 bis 8 Minuten backen. Anschließend den Biskuit auf ein Blatt Backpapier stürzen, abkühlen lassen und das obere Backpapier vorsichtig abziehen.

6. Aus Backpapier 10 Streifen à 20 x 4,5 Zentimeter schneiden. Den ausgekühlten Biskuit mit dem schönsten Muster in 10 Streifen à 14 x 4 Zentimeter schneiden.

7. Die Teigstreifen mit dem Muster nach unten auf das Papier legen, zu einem Kreis formen und mit einer Büroklammer befestigen. Aus dem restlichen Biskuit 20 Kreise à 3,5 Zentimeter ausstechen. 10 der Kreise als Boden in die Törtchen legen.

8. Schokoladensahne kurz steif schlagen, in einen Spritzbeutel mit Sterntülle geben und die Törtchen bis kurz unter den Rand damit füllen. Die übrigen Biskuitkreise daraufsetzen, mit Schokoladensahne verzieren, Schokospänen bestreuen und 1 Stunde kalt stellen.

Rührteig

Rührteig will gerührt werden

Rührteig ist saftig und locker und die perfekte Grundlage für viele tolle Rezepte.

Rührteig ist der Teig, den ich in meiner Backstube am meisten verwende, weil er schön fluffig ist und gleichzeitig saftig. Wichtig bei Rührteig ist, dass man ihn ordentlich rührt bzw. aufschlägt und zwar, bevor das Mehl zugegeben wird. Außerdem sollten alle Zutaten Zimmertemperatur haben.

BUTTER AUFSCHLAGEN

Um die Butter richtig luftig aufzuschlagen, stelle ich die Schüssel vor dem Schlagen in ein heißes Wasserbad, bis etwa ein Drittel der Butter geschmolzen ist. Dazu fülle ich sehr heißes Wasser aus dem Hahn in mein Waschbecken und stelle die Schüssel hinein. Jetzt muss man nur darauf achten, dass die Schüssel nicht umkippt. Und: Erst das Wasser einlaufen lassen, dann die Schüssel ins Becken stellen. Wenn die Butter zu einem Drittel geschmolzen ist, kommt der Zucker hinzu und nun wird die Mischung aufgeschlagen. So wird die Creme fast so fluffig wie Schlagsahne!
Erst dann kommen die Eier hinzu, die idealerweise Zimmertemperatur haben. Und dann weiterschlagen! Falls die Butter-Ei-Masse auch nach langem Aufschlagen noch etwas grieselig ist, macht das nichts – mit dem Mehl wird daraus trotzdem ein schöner Teig.

DAS MEHL SIEBEN

Mehl und Backpulver siebe ich meist zweimal, damit sich das Backpulver gleichmäßig im Mehl verteilt. Die Mehlmischung wird mit einem Teigschaber untergehoben, damit die Luft im Teig bleibt und er nicht zäh wird.

STÄBCHENPROBE

Um zu sehen, ob der Kuchen fertig ist, sollte man unbedingt eine Stäbchenprobe machen. Wenn man den Teig recht hoch einfüllt, dauert die Backzeit entsprechend lang. In diesem Fall decke ich den Kuchen zum Ende der Backzeit mit Alufolie ab oder schalte die Ofentemperatur auf 140 °C herunter.
Für einen sehr saftigen Rührkuchen beträufle ich den Kuchen direkt nach dem Backen mit mehreren Esslöffeln Saft, Läuterzucker, Alkohol oder mit Zitronensaft für Zitronenkuchen oder Amaretto für Marmorkuchen.

TIPP FÜR BUTTERCREME

Ist die Buttercreme flockig und bindet nicht, hilft ein erneutes kurzes Bad der Schüssel im heißen Wasser – und dann weiterschlagen! Wird die Creme zu weich, stelle ich die Schüssel eine halbe Stunde in den Kühlschrank und schlage dann weiter.

Himbeer-Cupcakes

Cupcakes haben in den letzten Jahren die Welt erobert. Insbesondere als Mini-Cupcakes sind sie das perfekte Mitbringsel für Partys.

ZUTATEN FÜR 24 STÜCK

FÜR DEN RÜHRTEIG:
120 g Butter
100 g Zucker
1 Prise Salz
2 Eier (Kl. M)
120 g Dinkelmehl Type 1050
(alternativ Weizenmehl)
½ TL Backpulver
24 kleine Himbeeren

FÜR DIE CREME:
200 g Himbeeren
80 g Gelierzucker 2:1
160 g Butter

FÜR DIE DEKORATION:
24 schöne Himbeeren

AUSSERDEM
1 Muffinblech für 24 Mini-Muffins
24 kleine Papierförmchen (3,5 cm ø)
1 Spritzbeutel
1 Spritzbeutel mit Sterntülle (12 mm ø)

 *Zubereitungszeit 40 Minuten plus 1 Stunde 30 Minuten Kühlzeit und 18 Minuten Backzeit*

ZUBEREITUNG

1. Für den Rührteig Butter in Stücke schneiden und im heißen Wasserbad ein Drittel der Butter schmelzen lassen.

2. Zucker und Salz zugeben und mit den Rührbesen des Handrührgeräts mehrere Minuten dickschaumig aufschlagen. Eier nacheinander zugeben und weiterschlagen. Mehl und Backpulver sieben und mit einem Teigschaber unterheben, dabei nicht unnötig rühren, sodass der Rührteig schön luftig bleibt.

3. Den Backofen auf 180 °C (Umluft 160 °C, Gas Stufe 2-3) vorheizen.

4. Das Muffinblech mit Papierförmchen auslegen.

5. Den Teig in einen Spritzbeutel füllen und gleichmäßig in den Papierförmchen verteilen. In jeden Cupcake eine kleine Himbeere drücken.

6. Cupcakes im vorgeheizten Ofen auf mittlerer Schiene bei 180 °C 15 bis 18 Minuten backen. Cupcakes noch warm aus der Form nehmen und auf einem Kuchengitter auskühlen lassen.

7. Für die Creme Himbeeren und Gelierzucker unter Rühren in einem Topf zum Kochen bringen. Die Mischung durch ein Sieb streichen und etwas abkühlen lassen.

8. Butter in Stücke schneiden und in das lauwarme Himbeerpüree geben. Mit den Rührbesen des Handrührgeräts mehrere Minuten dickschaumig aufschlagen. Die Creme in einen Spritzbeutel mit Sterntülle füllen. Auf jeden Cupcake einen dicken Tupfen Creme spritzen und mit einer Himbeere krönen.

9. Die Himbeer-Cupcakes vor dem Servieren 1 Stunde kühl stellen.

TIPP

Sie können auch Himbeeren aus der Tiefkühltruhe verwenden. Nur die Dekohimbeere würde ich dann weglassen – auch ohne sehen die Cupcakes hübsch aus. Alternativ können Sie die Cupcakes mit Silberzuckerperlen verzieren.

Donauwellen-Cupcakes

Regensburg an der schönen Donau, meine Heimat — da darf dieser Kuchen-Schlager nicht fehlen!

ZUTATEN FÜR 12 STÜCK

FÜR DEN RÜHRTEIG:
200 g Sauerkirschen (frisch, tiefgekühlt oder
aus dem Glas)
150 g Butter
120 g Zucker
1 Prise Salz
3 Eier (Kl. M)
150 g Mehl
1 TL Backpulver
1 EL Kakaopulver

FÜR DIE CREME:
160 g Butter
2 EL Vanillezucker (siehe Rezept Seite 18)
60 g Puderzucker
100 g Vanillejoghurt

FÜR DEN GUSS:
150 g Zartbitter-Kuvertüre
50 g Kokosfett

AUSSERDEM
1 Muffinblech
12 Papierförmchen
1 Spritzbeutel mit Lochtülle (10 mm ø)

 *Zubereitungszeit 50 Minuten plus 1 Stunde
30 Minuten Kühlzeit und 30 Minuten Backzeit*

ZUBEREITUNG

1. Den Backofen auf 180 °C (Umluft 160 °C, Gas Stufe 2-3) vorheizen.

2. Frische Kirschen waschen und entsteinen. Tiefgekühlte Kirschen nicht auftauen lassen, Kirschen aus dem Glas abtropfen lassen.

3. Für den Rührteig Butter in Stücke schneiden und im heißen Wasserbad ein Drittel der Butter schmelzen lassen. Zucker und Salz zugeben und mit den Rührbesen des Handrührgeräts mehrere Minuten dickschaumig aufschlagen. Eier nacheinander zugeben und weiterschlagen. Mehl und Backpulver sieben und mit einem Teigschaber unterheben, dabei nicht unnötig rühren.

4. Muffinblech mit Papierförmchen auslegen. Je 1 Esslöffel Teig in jedes Papierförmchen geben. Kakaopulver über den restlichen Teig sieben und unterheben. Schokoladenteig auf die Förmchen verteilen und die Kirschen in den Teig drücken.

5. Cupcakes im vorgeheizten Ofen auf mittlerer Schiene bei 180 °C 25 bis 30 Minuten backen. Cupcakes noch warm aus der Form nehmen und auf einem Kuchengitter auskühlen lassen.

6. Für die Creme Butter in Stücke schneiden und im heißen Wasserbad knapp zur Hälfte schmelzen lassen. Vanillezucker zugeben und mit den Rührbesen des Handrührgeräts mehrere Minuten dickschaumig aufschlagen. Erst den Puderzucker zugeben und dann löffelweise den Vanillejoghurt.

7. Die Creme in einen Spritzbeutel mit Lochtülle füllen. Auf jeden Cupcake einen flachen Tupfen der Creme spritzen. Anschließend die Cupcakes 1 Stunde kühl stellen.

8. Für den Guss Kuvertüre und Kokosfett grob hacken und im Wasserbad schmelzen lassen, dabei ab und zu umrühren. Die Cupcakes kopfüber in die Kuvertüre tauchen und den Guss fest werden lassen.

*Mit der leckeren Schokohaube halten
sich die Cupcakes 2 bis 3 Tage.*

Obsttartelettes

Sie können die kleinen Küchlein mit Obst und Beeren ganz nach Ihrem Geschmack belegen —
der Mohn sorgt zusätzlich für gute Stimmung.

ZUTATEN FÜR 6 STÜCK

FÜR DEN RÜHRTEIG:
100 g Butter
75 g Zucker
1 TL Zitronenzucker (siehe Rezept Seite 18)
1 Prise Salz
2 Eier (Kl. M)
80 g Mehl
½ TL Backpulver
50 g gemahlene Mandeln
1½ EL Mohnsaat
Butter für die Förmchen

FÜR DIE CREME:
60 g Mascarpone
1½ EL Vanillezucker (siehe Rezept Seite 18)
125 g Sahne

FÜR DEN BELAG:
2 Kiwis
125 g Brombeeren
1 Kaki (Sharonfrucht)
Puderzucker zum Bestäuben

AUSSERDEM
6 Tartelettförmchen (10 cm ø)

 *Zubereitungszeit 40 Minuten plus 30 Minuten*
Kühlzeit und 15 Minuten Backzeit

ZUBEREITUNG

1. Den Backofen auf 180 °C (Umluft 160 °C, Gas Stufe 2-3) vorheizen.

2. Für den Rührteig Butter in Stücke schneiden. Im heißen Wasserbad ein Drittel der Butter schmelzen lassen.

3. Zucker, Zitronenzucker und Salz zugeben und mit den Rührbesen des Handrührgeräts mehrere Minuten dickschaumig aufschlagen. Eier nacheinander zugeben und weiterschlagen. Mehl und Backpulver sieben, Mandeln und Mohn untermischen und mit einem Teigschaber unterheben.

4. Die Tartelettförmchen dünn mit Butter fetten.

5. Den Teig gleichmäßig in den Förmchen verteilen. Die Tartelettes auf einem Backblech im vorgeheizten Ofen auf mittlerer Schiene bei 180 °C etwa 15 Minuten backen. Tartelettes lauwarm aus der Form kippen und auf einem Kuchengitter auskühlen lassen.

6. Die Kiwis schälen und in Scheiben schneiden. Brombeeren waschen und verlesen. Kaki schälen und in Spalten schneiden.

7. Für die Creme Mascarpone mit dem Vanillezucker verrühren. Die kalte Sahne zugeben und mit Rührbesen des Handrührgeräts steif schlagen.

8. Auf jedes Tartelette einen dicken Klecks Creme geben und mit den frischen Früchten belegen. Obsttartelettes mit Puderzucker bestäuben und servieren.

TIPP

Sie können die Tartelettes auch gerne mit heißem Tortenguss bepinseln, dann bleiben sie länger frisch. Die gebackenen Tartelettes lassen sich gut eingepackt wunderbar einfrieren und sind für Gäste schnell aufgetaut und belegt.

Birnenkuchen mit Marzipan und Haferflocken

Ein herrlich einfacher Kuchen für jeden Tag. So ist jeder Tag ein Sonntag!

ZUTATEN FÜR 12 STÜCKE

FÜR DEN BELAG:
700 g kleine reife Birnen
120 g Preiselbeerkompott

FÜR DEN RÜHRTEIG:
250 g Butter
100 g Marzipanrohmasse
150 g Zucker
1 Prise Salz
5 Eier (Kl. M)
180 g Mehl
2 TL Backpulver
160 g kernige Haferflocken
Butter für die Form

AUSSERDEM
1 Springform (26 cm ø)
1 Palette

 *Zubereitungszeit 40 Minuten plus 1 Stunde Backzeit*

ZUBEREITUNG

1. Birnen schälen, halbieren und das Kerngehäuse entfernen.

2. Den Backofen auf 180 °C (Umluft 160 °C, Gas Stufe 2-3) vorheizen.

3. Für den Rührteig Butter in Stücke schneiden. Im heißen Wasserbad ein Drittel der Butter schmelzen lassen.

4. Marzipan in kleine Stücke zupfen. Marzipan, Zucker und Salz zur Butter geben und mit den Rührbesen des Handrührgeräts mehrere Minuten dickschaumig aufschlagen. Die Eier nacheinander zugeben und kurz weiterschlagen.

5. Mehl und Backpulver sieben und mit 150 Gramm Haferflocken mischen. Die Mehl-Haferflocken-Mischung mit einem Teigschaber unter die Butter-Zucker-Creme heben.

6. Die Springform mit Butter fetten.

7. Den Teig einfüllen und glatt streichen. Das Preiselbeerkompott teelöffelweise auf dem Teig verteilen.

8. Birnenhälften in 4 Millimeter dicke Scheiben auffächern und mithilfe einer Palette die ganzen Birnenhälften auf den Teig setzen.

9. Den Kuchen mit 10 Gramm Haferflocken bestreuen und auf einem Rost im vorgeheizten Ofen auf mittlerer Schiene bei 180 °C gut 1 Stunde backen.

10. Gegen Ende der Backzeit die Hitze um 10 °C reduzieren und den Kuchen evtl. mit Alufolie abdecken. Kuchen anschließend auf einem Kuchengitter abkühlen lassen.

11. Mithilfe eines Holzstäbchens eine Stäbchenprobe machen: Klebt noch Teig an dem Stäbchen, noch einige Minuten weiterbacken.

TIPP
Der Kuchen schmeckt auch prima mit Äpfeln und Zwetschgenmus.

Englischer Teekuchen

Endlich mal ein Kuchen, der länger haltbar ist — und sogar mit der Zeit immer besser wird!
Hier mein Rezept ohne die traditionellen Zutaten Zitronat, Orangeat und kandierte Kirschen.

ZUTATEN FÜR 12 SCHEIBEN

FÜR DEN RÜHRTEIG:
100 g getrocknete Aprikosen
100 g kandierte Ananas
50 g kandierter Ingwer
100 g getrocknete Cranberries (alternativ Rosinen oder getrocknete Beerenmischung)
100 g gehackte Mandeln
200 g Butter
150 g Zucker
1 Prise Salz
4 Eier (Kl. M)
150 g Mehl
2 TL Backpulver
2 EL Speisestärke
50 ml Whisky oder Rum

FÜR DIE DEKORATION:
1 EL Aprikosenkonfitüre
300 g Marzipanrohmasse
3 EL Puderzucker

AUSSERDEM
1 Kastenform (30 cm)
Backpapier
1 Spitzendeckchen aus Stoff oder Papier
oder 1 Design-Torten-Stencil-Schablone
1 kleine Winkelpalette

 Zubereitungszeit 60 Minuten plus
1 bis 2 Stunden Ziehzeit plus 1 Stunde Kühlzeit
und 1 Stunde Backzeit

ZUBEREITUNG

1. Getrocknete Aprikosen in Streifen schneiden. Ananas und Ingwer in kleine Stücke schneiden. Aprikosen, Ananas, Ingwer und Cranberries in eine kleine Schüssel füllen, mit 200 Milliliter kochendem Wasser übergießen und 1 bis 2 Stunden ziehen lassen.

2. Den Backofen auf 180 °C (Umluft 160 °C, Gas Stufe 2-3) vorheizen. Für den Rührteig die eingelegten Früchte in einem Sieb abtropfen lassen und mit den gehackten Mandeln mischen.

3. Die Butter in Stücke schneiden. Im heißen Wasserbad ein Drittel der Butter schmelzen lassen. Zucker und Salz zugeben und mit den Rührbesen des Handrührgeräts mehrere Minuten dickschaumig aufschlagen. Die Eier nacheinander zugeben und weiterschlagen. Mehl, Backpulver und Speisestärke sieben und mit einem Teigschaber unterheben. Zum Schluss die Früchtemischung unterheben.

4. Eine Kastenform mit Backpapier auslegen, hierfür das Backpapier mit etwas Butter in die Form kleben. Den Teig gleichmäßig einfüllen und den Kuchen auf einem Rost im vorgeheizten Ofen auf mittlerer Schiene bei 180 °C gut 1 Stunde backen (Stäbchenprobe nicht vergessen). Gegen Ende der Backzeit die Hitze um 10 °C reduzieren und den Kuchen evtl. mit Alufolie abdecken.

5. Whisky mit 4 Esslöffeln Wasser verdünnen und den heißen Kuchen damit beträufeln. Anschließend den Teekuchen aus der Form nehmen und auf einem Kuchengitter vollständig abkühlen lassen.

6. Den Kuchen, wenn nötig, an der Oberfläche gerade schneiden, umgedreht auf eine Platte stellen und das Backpapier abziehen. Die Aprikosenkonfitüre glatt rühren und den Kuchen damit einstreichen.

7. Marzipan durchkneten und auf einer leicht mit Puderzucker bestäubten Arbeitsfläche auf eine Größe von 27 x 22 Zentimetern ausrollen. Marzipandeckel über den Kuchen legen und leicht andrücken – vorn und hinten soll kein Marzipan sein.

8. Ein Spitzendeckchen auf den Kuchen legen, mit Puderzucker bestäuben und vorsichtig abnehmen. Alternativ einen dickflüssigen Zuckerguss anrühren, eine Torten-Stencil-Schablone auf den Kuchen legen und den Guss mit einer Winkelpalette sehr dünn auftragen.

Kleine Eierlikör-Gugelhupfe

Dieses Rezept ist leider nicht für Kinder geeignet, da es ohne Eierlikör nicht funktioniert. Aber ich liebe beschwipste Kuchen!

ZUTATEN FÜR 6-8 STÜCK

FÜR DEN RÜHRTEIG:
100 g Butter
80 g Zucker
1 Prise Salz
2 Eier (Kl. M)
80 g Mehl
½ TL Backpulver
50 g Kokosraspel
75 ml Eierlikör
Butter für die Förmchen

FÜR DIE FÜLLUNG:
40 g weiße Kuvertüre
30 ml Eierlikör

AUSSERDEM
6-8 kleine Gugelhupfformen (am besten aus Silikon)

Zubereitungszeit 40 Minuten plus 20 Minuten Backzeit

ZUBEREITUNG

1. Den Backofen auf 180 °C (Umluft 160 °C, Gas Stufe 2-3) vorheizen.

2. Für den Rührteig Butter in Stücke schneiden. Im heißen Wasserbad ein Drittel der Butter schmelzen lassen. Zucker und Salz zugeben und mit den Rührbesen des Handrührgeräts mehrere Minuten dickschaumig aufschlagen. Die Eier nacheinander zugeben und weiterschlagen.

3. Mehl und Backpulver sieben und mit Kokosraspeln mischen. Die Mischung mit einem Teigschaber unterheben. Zuletzt den Eierlikör unter den Teig ziehen.

4. Gugelhupfformen dünn mit Butter fetten und den Teig gleichmäßig fast bis zum Rand der Formen einfüllen. Die Gugelhupfe auf einem Blech im vorgeheizten Ofen auf mittlerer Schiene bei 180 °C 18 bis 20 Minuten backen.

5. Mithilfe eines Holzstäbchens eine Stäbchenprobe machen: Klebt noch Teig an dem Stäbchen, noch einige Minuten weiterbacken.

6. Die Gugelhupfe noch heiß aus der Form stürzen und auf einem Kuchengitter abkühlen lassen.

7. Für die Füllung weiße Kuvertüre fein hacken. Eierlikör etwas anwärmen und die Kuvertüre darin unter Rühren schmelzen lassen. Die Eierlikör-Schokoladen-Mischung in die Gugelhupfmitten füllen.

Die kleinen Eierlikör-Gugelhupfe halten sich 2 bis 3 Tage.

TIPP
Da es Gugelhupfformen in so vielen verschiedenen Größen gibt, ändert sich, je nachdem welche Form Sie haben, die Stückzahl und die Backzeit. Meine Gugelhupfformen fassen 80 Milliliter und die Gugelhupfe brauchen 18 bis 20 Minuten.

Müslikuchen im Blumentopf

Statt Blumen das perfekte Geschenk zu jeder Einladung!

ZUTATEN FÜR 2 BLUMENTÖPFE

FÜR DEN RÜHRTEIG:
100 g Butter
50 g Zucker
50 g Honig
1 Prise Salz
2 Eier (Kl. M)
100 g Müsli
80 g Mehl
½ TL Backpulver
Butter für die Form

FÜR DIE DEKORATION:
50 g Marzipanrohmasse
etwas Puderzucker
grüne Speisefarbe
2 Zuckerblümchen

AUSSERDEM
2 saubere Tonblumentöpfe, unglasiert
(9 cm ø, 7 cm hoch)

*Zubereitungszeit 40 Minuten plus 1 Stunde
Kühlzeit und 50 Minuten Backzeit*

ZUBEREITUNG

1. Den Backofen auf 180 °C (Umluft 160 °C, Gas Stufe 2-3) vorheizen.

2. Die Blumentöpfe mit kochendem Wasser ausspülen.

3. Für den Rührteig Butter in Stücke schneiden. Im heißen Wasserbad ein Drittel der Butter schmelzen lassen. Butter mit Zucker, Honig und Salz mit den Rührbesen des Handrührgeräts mehrere Minuten dickschaumig aufschlagen. Die Eier nacheinander zugeben und kurz weiterschlagen.

4. 1 Esslöffel Müsli zur Seite legen. Mehl und Backpulver sieben und mit dem restlichen Müsli vermischen. Die Mischung mit einem Teigschaber unterheben.

5. Die Tontöpfe mit Butter fetten. Falls die Tontöpfe ein Loch haben, den Boden mit einem Stück Backpapier auslegen. Den Teig einfüllen, mit dem restlichen Müsli bestreuen und die Kuchen auf ein Backblech setzen. Die Müslikuchen im vorgeheizten Ofen auf mittlerer Schiene bei 180 °C 35 bis 40 Minuten backen.

6. Mithilfe eines Holzstäbchens eine Stäbchenprobe machen: Klebt noch Teig an dem Stäbchen, noch einige Minuten weiterbacken.

7. Den Kuchen anschließend auf einem Kuchengitter abkühlen lassen.

8. Für die Dekoration Marzipan mit Puderzucker grün einfärben. Aus dem Marzipan längliche Blätter modellieren und auf dem Kuchen zu einer Grünpflanze zusammensetzen. Zuletzt nach Geschmack mit Zuckerblümchen verzieren und verschenken.

TIPP
Für den Kuchen eignet sich Müsli mit Nüssen und Beeren, jedoch kein Knuspermüsli!

VARIANTE
Sie können gerne auch andere Größen von Blumentöpfen verwenden, aber dann ändert sich eventuell die Backzeit. Und: Sollte etwas Teig übrig bleiben, backen Sie zusätzlich einen Mini-Tontopf!

Polenta-Orangen-Küchlein

Glutenfrei und durch die Polenta leicht crispy, lecker!

ZUTATEN FÜR 12 STÜCK

FÜR DEN RÜHRTEIG:
2 kleine unbehandelte Orangen
160 g Butter
80 g Zucker
50 g Honig
1 Prise Salz
3 Eier (Kl. M)
120 g Polenta
200 g gemahlene Mandeln

AUSSERDEM
1 Muffinblech
12 Papierförmchen

*Zubereitungszeit 40 Minuten plus
20 Minuten Backzeit*

ZUBEREITUNG

1. Den Backofen auf 180 °C (Umluft 160 °C, Gas Stufe 2-3) vorheizen.

2. Die Orangen heiß abwaschen und trocknen. Von einer Orange die Schale fein abreiben.

3. Für den Rührteig Butter in Stücke schneiden. Im heißen Wasserbad ein Drittel der Butter schmelzen lassen. Zucker, Honig, Orangenabrieb und Salz zugeben. Die Mischung mit den Rührbesen des Handrührgeräts mehrere Minuten dickschaumig aufschlagen.

4. Eier nacheinander zugeben und weiterschlagen. Polenta und Mandeln mischen, zugeben und kurz unterschlagen.

5. Das Muffinblech mit Papierförmchen auslegen.

6. Den Teig gleichmäßig in den Förmchen verteilen. Beide Orangen mit einem Sparschäler schälen und in 5 Millimeter dicke Scheiben schneiden. Auf jedes Törtchen je 1 Orangenscheibe legen.

7. Polenta-Orangen-Küchlein im vorgeheizten Ofen auf mittlerer Schiene bei 180 °C 18 bis 20 Minuten backen.

8. Törtchen anschließend noch warm aus der Form nehmen und auf einem Kuchengitter auskühlen lassen.

VARIANTE
Sie können die Orangenscheiben auch weglassen, stattdessen die Orangen auspressen und mit dem Saft die noch heißen Törtchen beträufeln. Etwas Orangensaft halten Sie zurück für einen Zuckerguss: 3 Esslöffel Puderzucker mit 1 bis 2 Esslöffeln Orangensaft dickflüssig verrühren und auf die ausgekühlten Küchlein streichen.

Haselnuss-Karamell-Rehrücken

Die Rehrücken-Backform ist herrlich »oldschool«. Meine Mama hat darin immer ihren supersaftigen Nusskuchen gebacken. Und bei mir gibt's extra Karamell obendrauf!

ZUTATEN FÜR 12 STÜCKE

FÜR DEN RÜHRTEIG:
200 g Butter
150 g Zucker
1 Prise Salz
4 Eier (Kl. M)
80 g Mehl
1 TL Backpulver
1 TL gemahlener Zimt
200 g gemahlene Haselnüsse
Butter für die Form

FÜR DEN KARAMELLGUSS:
120 g Zucker
25 g Butter
50 g Sahne
50 g Haselnüsse

AUSSERDEM
1 Rehrückenform (1 l Inhalt)

 *Zubereitungszeit 40 Minuten plus 45 Minuten Backzeit*

ZUBEREITUNG

1. Den Backofen auf 180 °C (Umluft 160 °C, Gas Stufe 2-3) vorheizen.

2. Für den Rührteig Butter in Stücke schneiden. Im heißen Wasserbad ein Drittel der Butter schmelzen lassen. Zucker und Salz zugeben und mit den Rührbesen des Handrührgeräts mehrere Minuten dickschaumig aufschlagen. Die Eier nacheinander hinzufügen und kurz weiterschlagen.

3. Mehl, Backpulver und Zimt mischen und sieben. Die gemahlenen Haselnüsse zugeben, vermischen und mit einem Teigschaber unter den Teig heben.

4. Die Rehrückenform gut mit Butter fetten. Den Teig gleichmäßig in der Form verteilen. Den Kuchen auf einem Rost im vorgeheizten Ofen auf mittlerer Schiene bei 180 °C etwa 45 Minuten backen.

5. Mithilfe eines Holzstäbchens eine Stäbchenprobe machen: Klebt noch Teig an dem Stäbchen, noch einige Minuten weiterbacken.

6. Den Kuchen lauwarm aus der Form auf ein Gitter stürzen und auskühlen lassen.

7. Für den Karamellguss Zucker nach und nach in einem kleinen Topf goldbraun schmelzen. Butter zugeben und unterrühren. Wenn sich die Butter verbunden hat, Sahne zugeben, Haselnüsse zugeben und die Sauce kurz köcheln lassen. (Achtung! Es kann beim Zugießen der Sahne spritzen.)

8. Anschließend den Karamell etwas abkühlen lassen und den Kuchen damit beträufeln. Die Haselnüsse mittig auf dem Rehrücken verteilen.

Der Haselnuss-Karamell-Rehrücken hält sich kühl und trocken gelagert 3 bis 4 Tage.

Geburtstagstorte

Rollfondant braucht etwas Übung und handwerkliches Geschick. Nach eigenen Ideen gestaltet,
ist die Torte das perfekte individuelle Geschenk für jeden Geburtstag!

ZUTATEN FÜR 12 STÜCKE

FÜR DEN RÜHRTEIG:
300 g Butter
abgeriebene Schale von
3 unbehandelten Zitronen
250 g Zucker
1 Prise Salz
6 Eier (Kl. M)
250 g Mehl
½ Päckchen Backpulver (7 g)
50 g blanchierte, gemahlene Mandeln
Butter für die Form

FÜR DIE CREME:
150 ml Zitronensaft
150 g Gelierzucker 2:1
1 TL Zitronenzucker (siehe Rezept Seite 18)
300 g Butter

FÜR DIE DEKORATION:
300 g Marzipanrohmasse
Puderzucker zum Ausrollen
450 g Rollfondant (150 g weiß, 250 g türkis,
80 g rot)
Rum oder Wasser
Zuckerguss zum Schreiben (alternativ
fertige Zuckerschriftmasse)

AUSSERDEM
2 Springformen (18 cm ø)
1 Tortenglätter (Fachhandel) oder
1 Teigkarte
1 dünner, frischer Malpinsel
1 m rotes Satinband

 Zubereitungszeit 2 Stunden plus 2 Stunden
Kühlzeit und 55 Minuten Backzeit

ZUBEREITUNG

1. Den Backofen auf 180 °C (Umluft 160 °C, Gas Stufe 2-3) vorheizen.

2. Für den Rührteig Butter in Stücke schneiden. Im heißen Wasserbad ein Drittel der Butter schmelzen lassen. Zitronenabrieb, Zucker und Salz zugeben und mit den Rührbesen des Handrührgeräts mehrere Minuten dickschaumig aufschlagen. Eier nacheinander zugeben und weiterschlagen.

3. Mehl und Backpulver sieben, mit den Mandeln mischen und mit einem Teigschaber unter die Buttercreme heben. Dabei nicht unnötig rühren, sodass der Rührteig schön luftig bleibt.

4. Die beiden Springformen mit Butter fetten. Den Teig aufteilen, gleichmäßig hineinfüllen und glatt streichen.

5. Die Kuchen nebeneinander auf einem Rost im vorgeheizten Ofen auf mittlerer Schiene bei 180 °C 45 bis 55 Minuten backen. Anschließend auf einem Kuchengitter abkühlen lassen.

6. Für die Creme Zitronensaft und Gelierzucker in einem Topf zum Kochen bringen und 1 Minute kochen lassen. Zitronensaft etwas abkühlen lassen, dann den Zitronenzucker zugeben.

7. Butter in Stücke schneiden und in eine Schüssel geben. Butter mit den Rührbesen des Handrührgeräts mehrere Minuten dickcremig aufschlagen, dabei den warmen Zitronensaft in kleinen Portionen hinzufügen.

8. Ausgekühlte Kuchen aus der Form nehmen, oben gerade abschneiden und jeden Kuchen waagerecht halbieren. Den unteren Boden 5 bis 6 Millimeter dick mit der Creme bestreichen. Einen weiteren Boden daraufsetzen und wieder 5 bis 6 Millimeter dick mit Creme bestreichen, bis alle Böden gerade aufeinandergestapelt sind. Die Torte 20 Minuten kalt stellen.

9. Die Torte mit der restlichen Creme rundum glatt einstreichen und noch mal kalt stellen.

10. Für die Dekoration Marzipan durchkneten und auf etwas Puderzucker 2 bis 3 Millimeter dünn ausrollen. Einen Kreis so

groß wie die Torte ausschneiden und auf die Torte legen. Für den Rand das Marzipan auf eine Größe von 10 x 55 Zentimetern ausrollen – messen Sie Ihre Torte am besten noch einmal nach.

11. Marzipanstreifen aufrollen und rund um die Torte abrollen. Überschüssiges Marzipan abschneiden. Marzipanoberfläche mit einem Tortenglätter oder einer großen Teigkarte aus Plastik gut an die Torte drücken. Torte 30 Minuten kalt stellen.

12. Weißen und türkisen Rollfondant auf ganz wenig Puderzucker oder auf einer Plastikunterlage 1,5 bis 2 Millimeter dick ausrollen und je 14 Streifen à 10 x 2 Zentimeter zuschneiden. Die Streifen 5 Minuten antrocknen lassen. Die Torte rundum dünn mit Wasser oder Rum bepinseln und die Streifen von oben nach unten dicht an dicht an die Torte kleben.

13. Restlichen türkisen Rollfondant ausrollen und einen Kreis mit einem Durchmesser von 17,5 Zentimetern ausschneiden. Fondant auf die Torte legen und mit einem Tortenglätter andrücken.

14. Aus weißem Rollfondant eine 55 Zentimeter lange und 4 Millimeter dicke Rolle formen. Mit einem dünnen Pinsel den oberen Rand der Torte mit Wasser befeuchten und die Rolle daraufkleben. Aus dem roten Rollfondant 1 bis 2 Herzen formen und nach Belieben mit Zuckerguss beschriften.

15. Das Satinband um den unteren Rand der Torte legen und eine Schleife binden.

Die Torte hält sich an einem kühlen Ort bis zu 5 Tagen. Die Rührteig-Tortenböden können Sie gut verpackt auch einfrieren.

TIPP
Falls Sie keine 2 Springformen haben, können Sie das Rezept halbieren und nacheinander backen. Oder Sie ziehen einen verstellbaren Metalltortenring auf die richtige Größe, schneiden aus Backpapier ein 30 Zentimeter großes Quadrat zurecht und schlagen den Ring damit ein.

VARIANTE
Bei der Verzierung mit Rollfondant können Sie Ihrer Kreativität freien Lauf lassen und z.B. mit Zuckerperlen eine Zahl legen.

Hochzeitstorte

Die Kür der Tortenkunst sind Hochzeitstorten. Ich weiß das, denn sie sind mein täglich Brot. Damit sie Ihnen gelingen, sollten Sie schon an ein paar Geburtstagstorten geübt haben (siehe Rezept Seite 148).

ZUTATEN FÜR 40 STÜCKE

FÜR BLUME UND BLÄTTER:
ca. 500 g Zucker
250 g cremefarbener Rollfondant
Puderzucker zum Ausrollen
1 EL perlmuttfarbene Zuckerperlen

FÜR DEN RÜHRTEIG:
600 g Zartbitter-Kuvertüre
600 ml Milch
600 g Zucker
400 g Butter
8 Eier (Kl. M)
640 g Mehl
2 EL Kakaopulver
1 Päckchen Backpulver

FÜR DIE FÜLLUNG:
1 Päckchen Vanille-Puddingpulver
500 ml Milch (1,5 %)
180 g Zucker
2 EL Vanillezucker (siehe Rezept Seite 18)
750 g zimmerwarme Butter

FÜR DEN ÜBERZUG:
800 g Marzipanrohmasse
Wasser oder Rum zum Bepinseln
1,2 kg weißer Rollfondant
1 Eiweiß (Kl. M)
200 g Puderzucker

AUSSERDEM
1 Silikonmatte
Gefrierbeutel oder Aktenfolien
2 Springformen (24 cm ⌀, 18 cm ⌀)
2 verstellbare Tortenringe
1 Tortenpappe, 1 Tortenglätter, 1 Palette
1 Pinsel, 1 kleines Blech, Modellierwerkzeug
2 Spritzbeutel mit Lochtülle (3 mm, 1,5 mm)
2 m Satinbänder

ZUBEREITUNG

1. Die Zuckerblume am besten schon 1 bis 2 Tage im Voraus herstellen. Ein kleines Blech 2 Zentimeter dick mit Zucker bestreuen, mit Frischhaltefolie bedecken und eine Mulde in den Zucker drücken.

2. Cremefarbenen Rollfondant auf einer mit etwas Puderzucker bestäubten Arbeitsfläche oder Silikonmatte 2 Millimeter dick ausrollen. 24 Kreise mit einem Durchmesser von 3 Zentimetern ausstechen.

3. Die Kreise mit Folie abdecken. Den Rand der Kreise mit dem Modellierwerkzeug flach drücken oder die Kreise zwischen Folie (aufgeschnittene Gefrierbeutel oder Aktenfolien) legen und den Rand zu Blütenblättern mit den Fingerspitzen flach drücken.

4. Die Blütenblätter in der Zuckermulde kreisförmig überlappend aneinanderlegen und etwas nachformen – insgesamt drei Runden. Vor jeder nächsten Runde die Blume innen mit einem Hauch Wasser bepinseln, sodass die Blütenblätter zur Mitte hin aneinander festkleben. In die Mitte der Blume eine 1,5 Zentimeter große Fondantkugel drücken, mit Wasser bepinseln und kleine Zuckerperlen andrücken.

5. Für die Blätter den Rollfondant 1,5 Millimeter dick ausrollen und 30 bis 40 Kreise mit einem Durchmesser von 1,5 bis 2 Zentimetern ausstechen. Kreise als Blätter zum Rand hin dünn modellieren, dabei leicht wellen. Frischhaltefolie in mehreren Lagen auslegen, leicht wellen und die Blume und die Blätter darauf über Nacht trocknen lassen.

6. Den Ofen auf 160 °C Umluft vorheizen.

7. Für den Rührteig 300 Gramm Zartbitter-Kuvertüre grob hacken. 300 Milliliter Milch und 100 Gramm Zucker in einem Topf unter Rühren zum Kochen bringen. Kuvertüre unterrühren und von der Kochstelle nehmen.

8. 200 Gramm Butter in Stücke schneiden und im heißen Wasserbad ein Drittel der Butter schmelzen lassen. Butter mit 200 Gramm Zucker mit den Rührbesen des Handrührgeräts mehrere Minuten dickschaumig aufschlagen und nach und nach 4 Eier zugeben.

9. 320 Gramm Mehl, 1 Esslöffel Kakaopulver und ½ Päckchen Backpulver mischen und sieben. Mehlmischung zur Buttermasse

geben und kurz verrühren. Anschließend die heiße Schokoladenmilch unterrühren.

10. In die Böden der beiden Springformen je 1 Blatt Backpapier einspannen, den Schokoladenteig gleich hoch einfüllen und glatt streichen.

11. Die Schokoladenkuchen im vorgeheizten Ofen auf 2 Rosten bei 160 °C Umluft 35 bis 40 Minuten backen. Jeden Rost nach circa 25 Minuten umdrehen. Den kleineren Schokoladenboden 10 Minuten früher aus dem Ofen nehmen (Stäbchenprobe). Anschließend beide Kuchen auf einem Gitter auskühlen lassen.

12. Schokoladenkuchen aus den Ringen schneiden. Anschließend wie beschrieben aus den restlichen Zutaten 2 weitere Schokoladenkuchen backen.

13. Für die Füllung den Pudding nach Packungsanleitung kochen und in eine Schüssel umfüllen. Restlichen Zucker, Vanillezucker und 150 Gramm Butter in kleinen Würfeln mit einem Schneebesen unter den heißen Pudding rühren. Mit Folie abdecken und abkühlen lassen.

14. 600 Gramm Butter in Würfel schneiden. Wenn der Pudding auf Raumtemperatur abgekühlt ist, die zimmerwarmen Butterwürfel mit den Rührbesen des Handrührgeräts schaumig schlagen. Den Pudding portionsweise zugeben und die Creme gut 6 Minuten dickschaumig aufschlagen.

15. Alle 4 abgekühlten Schokoladenböden oben gerade schneiden und einmal waagerecht durchschneiden. Um den ersten großen und kleinen Schokoladenboden je einen verstellbaren Tortenring stellen und die Böden 5 Millimeter dick mit Creme bestreichen.

16. Jeweils einen weiteren Schokoboden daraufsetzen, leicht festdrücken und den Vorgang wiederholen. Die letzten beiden Böden mit der glatten Seite nach oben auf die Torten setzen, festdrücken und beide Torten 1 Stunde kalt stellen.

17. Anschließend die zwei Torten aus dem Tortenring schneiden. Die Torten gleichmäßig mit der restlichen Creme bestreichen, dabei soll der Tortenrand schön glatt und die Torte oben gerade sein. Torten 3 bis 4 Stunden kalt stellen.

18. Marzipan auf einer mit etwas Puderzucker bestäubten Arbeitsfläche 2 bis 3 Millimeter dick ausrollen. Mithilfe des verstellbaren Tortenrings 2 Kreise ausstechen, die jeweils so

groß sind wie beide Torten. Die Marzipandeckel auf die Torten legen und mit einem Tortenglätter glatt streichen.

19. Marzipan erneut ausrollen. Beide Tortenhöhen ausmessen. Für die kleinere Torte einen Streifen zuschneiden, der die Höhe der Torte hat und circa 60 Zentimeter lang ist. Für die größere Torte einen Streifen zuschneiden, der die Höhe der Torte hat und circa 80 Zentimeter lang ist.

20. Die beiden Marzipanstreifen locker aufrollen, jeweils um die Torten abrollen, bis beide Torten am Rand mit Marzipan bedeckt sind. Überstehendes Marzipan abschneiden. Die Torten mit dem Tortenglätter glatt drücken. Die kleine Torte auf eine zugeschnittene Tortenpappe setzen. Torten nochmals kalt stellen.

21. Die Torten dünn mit Wasser oder Rum bepinseln. Weißen Rollfondant durchkneten. Gut zwei Drittel für die größere Torte 3 bis 4 Millimeter dick ausrollen. Einen Kreis mit einem Durchmesser von 50 Zentimetern ausschneiden. Rollfondant mittig auf die Torte legen und mit den Handflächen von der Mitte über den Rand nach unten vorsichtig festdrücken. Überlappenden Rollfondant abschneiden.

22. Restlichen Rollfondant ausrollen und für die kleine Torte einen Kreis mit einem Durchmesser von 40 Zentimetern ausschneiden und die Torte damit einschlagen. Torten mit dem Tortenglätter ganz glatt modellieren.

23. Die große Torte auf eine Tortenplatte stellen. Mithilfe einer Palette die kleine Torte mittig auf die große setzen.

24. Eiweiß und Puderzucker mit den Rührbesen des Handrührgeräts mehrere Minuten dickschaumig aufschlagen. Die Hälfte der Masse zum Festkleben der Blume und Blätter in einen Spritzbeutel mit Lochtülle (3 Millimeter) füllen. Das Satinband jeweils um den unteren Rand der großen und kleinen Torte legen und mit Zuckermasse festkleben.

25. Restliche Zuckermasse mit wenig Wasser weicher rühren, sodass der Guss von alleine breit läuft. Spritzglasur in einen kleinen Spritzbeutel mit Lochtülle (1,5 Millimeter) füllen und in gleichmäßigen Abständen über dem Satinband Punkte aufspritzen. Blätter und Blume mit der festen Spritzglasur an die Torte kleben und trocknen lassen.

 Zubereitungszeit 6 Stunden plus 8 Stunden Trockenzeit plus 7 Stunden Kühlzeit und 1 Stunde 20 Minuten Backzeit

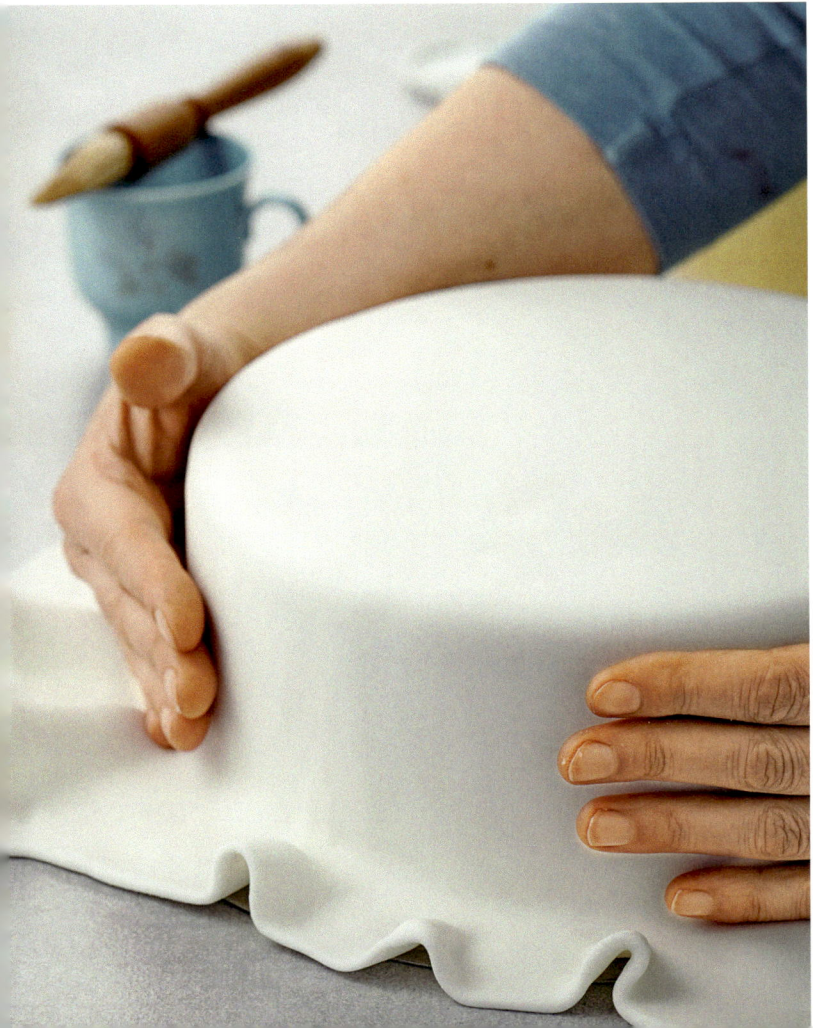
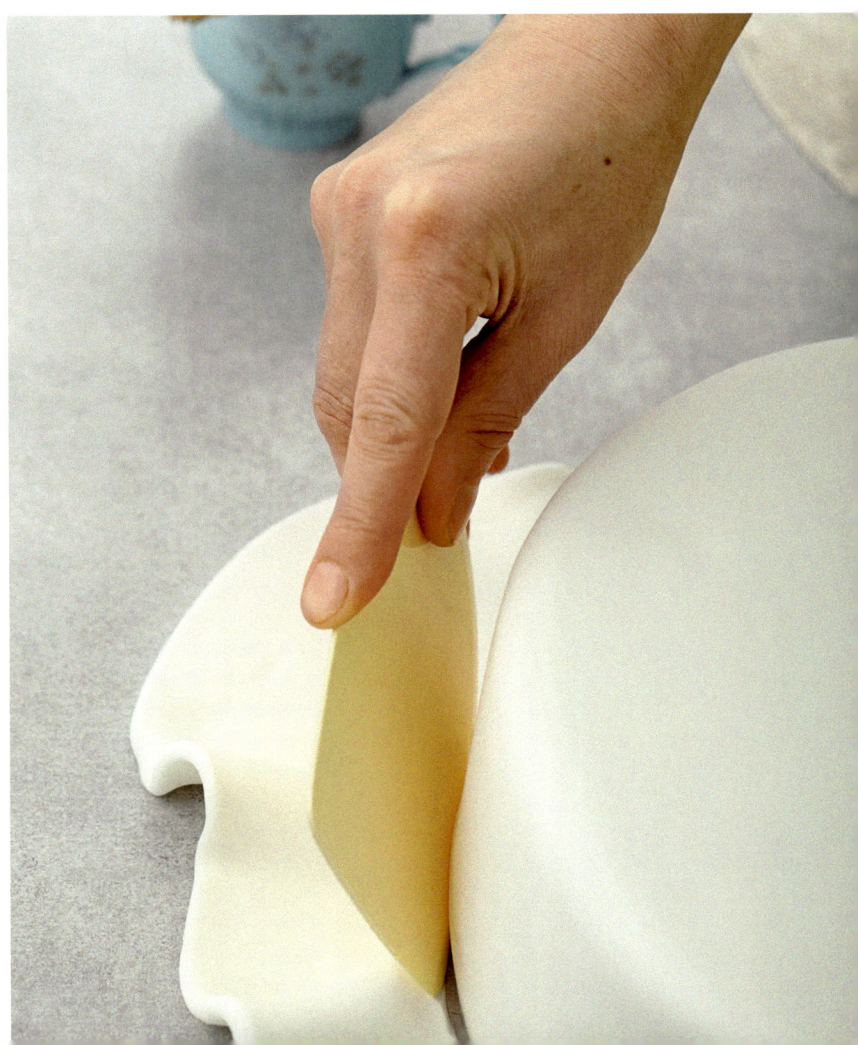

Weihnachten

Stollen klassisch oder exotisch

Kurz vor Weihnachten backe ich immer meinen sogenannten Schubladenstollen. Da kommen alle Nüsse und Trockenfrüchte hinein, die sich das Jahr über angesammelt haben!

ZUTATEN FÜR 2 STOLLEN (TRADITIONELL ODER EXOTISCH)

FÜR DEN HEFETEIG:
550 g Mehl
30 g frische Hefe
200 ml zimmerwarme Milch
1 Ei (Kl. M)
1 Eigelb (Kl. M)
30 g Zucker
1 gestrichener TL Salz
150 g zimmerwarme Butter
Mehl zum Bestäuben

FÜR 2 TRADITIONELLE STOLLEN:
150 g Zitronat und Orangeat
300 g Sultaninen
40 ml Rum
150 g gehobelte Mandeln
100 g gehackte, geröstete Haselnüsse
1 TL gemahlener Zimt

ODER FÜR 2 EXOTISCHE STOLLEN:
je 100 g getrocknete Ananas, getrocknete Mango und getrocknete Papaya
40 ml Rum
100 g gehackte Mandeln
100 g gemahlene Mandeln
½ TL gemahlener Ingwer
1 TL gemahlener Kardamom
50 g kandierter Ingwer, grob gehackt
150 g Marzipanrohmasse

ZUM BESTREICHEN:
100 g Butter
3 EL Zucker
2-3 EL Puderzucker

Zubereitungszeit 1 Stunde plus 3 Stunden Gehzeit und 45 Minuten Backzeit

ZUBEREITUNG

1. Für den Hefeteig Mehl in eine Schüssel geben und eine Mulde in das Mehl drücken. Hefe in die Mulde bröseln, mit 50 Milliliter Milch verrühren und mit Mehl bedecken. Die Schüssel mit einem Geschirrtuch zudecken und den Vorteig 40 Minuten gehen lassen.

2. Für den traditionellen Stollen Zitronat und Orangeat sehr fein hacken. Sultaninen, Zitronat und Orangeat in eine Schüssel geben. Mit 100 Milliliter kochendem Wasser übergießen. Rum, Mandeln, Haselnüsse und Zimt unterheben und ziehen lassen.

3. Oder für den exotischen Stollen Ananas, Mango und Papaya grob hacken und in eine Schüssel geben. Mit 80 Milliliter kochendem Wasser übergießen. Rum, gehackte und gemahlene Mandeln, Ingwer und Kardamom unterheben und ziehen lassen.

4. Für den Teig 150 Milliliter Milch, Ei, Eigelb, Zucker, Salz und Butter zum Hefeansatz geben und mit den Knethaken des Handrührgeräts 5 Minuten verkneten. Hefeteig abgedeckt bei Zimmertemperatur gut 1 Stunde gehen lassen.

5. Die Früchtemischung mit den Händen unterkneten. Den Hefeteig mit Mehl bestäuben und 30 Minuten ruhen lassen. Anschließend durchkneten, den Teig halbieren und zu zwei glatten Kugel formen.

6. Für die exotischen Stollen kandierten Ingwer mit Marzipan verkneten und zu 2 langen Rollen à 18 Zentimeter formen. Den Teig halbieren, flach drücken, je eine Marzipanrolle darauflegen, Teig darüberklappen und zum Stollen formen, dabei seitlich eine stollentypische Kerbe eindrücken. Für die traditionellen Stollen den Teig länglich formen und ebenfalls seitlich eine Kerbe eindrücken. Ein Backblech mit Backpapier auslegen. Die Stollen daraufsetzen, mit Wasser bepinseln und 1 weitere Stunde gehen lassen.

7. Den Backofen auf 180 °C (Umluft 160 °C, Gas Stufe 2-3) vorheizen. Die Stollen mit Wasser bepinseln und im vorgeheizten Ofen auf mittlerer Schiene bei 180 °C 40 bis 45 Minuten backen. Die Butter zerlassen, die Stollen noch heiß damit bestreichen und anschließend mit Zucker bestreuen. Die Stollen vollständig auskühlen lassen, in Pergamentpapier verpacken und kühl und trocken lagern. Vor dem Servieren mit Puderzucker bestäuben.

Zarte Walnusskekse

Meine Lieblingskekse, die wir eigentlich das ganze Jahr über backen. Sie sind zart auf der Zunge und schmecken auch einen Hauch salzig.

ZUTATEN FÜR CA. 40 STÜCK

FÜR DEN MÜRBETEIG:
100 g Walnusskerne
200 g Butter
150 g Puderzucker
½ TL Salz
250 g Mehl
Mehl für die Arbeitsfläche

AUSSERDEM
Backpapier

Zubereitungszeit 40 Minuten plus 1 Stunde Kühlzeit und 12 Minuten Backzeit

Das Bild zum Rezept finden Sie auf Seite 163 oben.

ZUBEREITUNG

1. Walnüsse in kleine Stücke hacken.

2. Für den Teig die Butter in Stücke schneiden. Im heißen Wasserbad ein Drittel der Butter schmelzen lassen. 50 Gramm Puderzucker und Salz zugeben und mit den Rührbesen des Handrührgeräts mehrere Minuten dickschaumig aufschlagen. Walnüsse und Mehl kurz mischen und mit einem Teigschaber unterheben.

3. Den weichen Teig auf bemehlter Arbeitsfläche in 4 Stücke teilen und sanft zu 4 Rollen mit einem Durchmesser von 2,5 Zentimetern formen. Die Rollen 1 Stunde kalt stellen.

4. 2 Backbleche mit Backpapier auslegen.

5. Den Backofen auf 180 °C (Umluft 160 °C, Gas Stufe 2-3) vorheizen.

6. Teigrollen anschließend in 1,5 Zentimeter dicke Scheiben schneiden und auf das Backpapier legen. Nacheinander im vorgeheizten Ofen bei 180 °C 10 bis 12 Minuten backen.

7. Walnusskekse vollständig auskühlen lassen. 100 Gramm Puderzucker auf einen Teller sieben und die Kekse darin wälzen.

In einer luftdichten Dose, ausgelegt mit Pergamentpapier, halten sich die Walnusskekse etwa 3 bis 4 Wochen.

TIPP
Die Teigrollen lassen sich auch gut einfrieren.

Tannenbaum und Pudelmütze

Für Künstler, Kreative und geduldige Bäcker! Mit Zuckerguss können Sie aus jedem Keks ein kleines Kunstwerk zaubern, und wenn es Ihnen einmal nicht gelingt: einfach schnell aufessen!

ZUTATEN FÜR CA. 45 STÜCK

FÜR DEN MÜRBETEIG:
200 g kalte Butter
100 g Zucker
2 Eigelbe (Kl. M)
1 Prise Salz
1 TL Garam Masala
(alternativ Lebkuchengewürz)
300 g Dinkelmehl Type 630
Mehl für die Arbeitsfläche

FÜR DEN GUSS:
350 g Puderzucker
2 Eiweiß (Kl. M)
Speisefarben (z.B. rot, grün, türkis)
1-2 EL Zitronensaft
kleine bunte Zuckerperlen (Non Pareils)

AUSSERDEM
Backpapier
Ausstecher (Tannenbaum, Mütze,
Handschuhe, Herz usw. 5-9 cm ø)
4 Plastikspritzbeutel

 Zubereitungszeit 2 bis 3 Stunden plus 1 Stunde Kühlzeit und 12 Minuten Backzeit

Das Bild zum Rezept finden Sie auf Seite 156.

ZUBEREITUNG

1. Für den Mürbeteig die kalte Butter in dünne Scheiben schneiden. Butter, Zucker, Eigelbe, Salz und Garam Masala mit den Knethaken des Handrührgeräts verkneten. Mehl zugeben und mit den Händen rasch zu einem glatten Teig verkneten. Mürbeteig zu einem flachen Ziegel formen, in Folie wickeln und 1 Stunde kalt stellen.

2. Den Backofen auf 180 °C (Umluft 160 °C, Gas Stufe 2-3) vorheizen.

3. 2 Backbleche mit Backpapier auslegen.

4. Mürbeteig kurz verkneten und auf leicht bemehlter Arbeitsfläche 4 bis 5 Millimeter dick ausrollen. Kekse ausstechen und mit etwas Abstand auf das Backpapier legen.

5. Kekse im vorgeheizten Ofen nacheinander auf mittlerer Schiene bei 180 °C 10 bis 12 Minuten zartbraun backen. Kekse auf dem Backpapier auskühlen lassen.

6. Für den Guss den Puderzucker sieben. Eiweiß mit den Rührbesen des Handrührgeräts steif schlagen, dabei nach und nach den gesiebten Puderzucker zugeben. Etwas Zuckerguss in einen Plastikspritzbeutel füllen, die Spitze dünn abschneiden und die Umrisse auf der Keksoberfläche nachmalen.

7. Den restlichen Zuckerguss verschieden einfärben und mit wenig Zitronensaft dünnflüssiger rühren. Die Schüsseln immer mit Frischhaltefolie abdecken.

8. Bunten Zuckerguss in einen Plastikspritzbeutel füllen, die Spitze dünn abschneiden und die Oberfläche der Kekse damit ausmalen. Nach Belieben mit Zuckerperlen bestreuen.

9. Wenn der Zuckerguss getrocknet ist, können die Kekse mit dem restlichen weißen, festeren Zuckerguss noch weiter verziert werden.

Zimtmonde

Aus diesem Rezept können Sie auch Sterne ausstechen. Ich finde Monde nur praktischer, denn dann muss man den Teig nur einmal ausrollen und kann ihn vor dem Ausstechen gleich mit dem Guss bestreichen.

ZUTATEN FÜR CA. 50 STÜCK

FÜR DEN TEIG:
250 g gemahlene Mandeln
(nicht blanchiert)
180 g Marzipanrohmasse
80 g Zucker
1 Prise Salz
10 g gemahlener Zimt
1 Eigelb (Kl. M)
1 Ei (Kl. M)

FÜR DEN GUSS:
1 frisches Eiweiß (Kl. M)
180 g Puderzucker

AUSSERDEM
Backpapier
1 runder Ausstecher (4 cm ∅)

 Zubereitungszeit 50 Minuten plus 1 Stunde Kühlzeit und 9 Minuten Backzeit

Das Bild zum Rezept finden Sie auf Seite 163 vorne.

ZUBEREITUNG

1. Den Backofen auf 200 °C (Umluft 180 °C, Gas Stufe 3-4) vorheizen.

2. Die gemahlenen Mandeln auf ein Blech streuen und im Ofen bei 200 °C zartbraun rösten. Anschließend Mandeln abkühlen lassen.

3. Marzipan in kleine Stücke zupfen. Marzipan, 220 Gramm Mandeln, Zucker, Salz und Zimt mit den Knethaken des Handrührgeräts verkneten.

4. Eigelb und Ei zum Teig geben und unterkneten. Den Teig in Folie einschlagen und 1 Stunde kalt stellen.

5. Arbeitsfläche mit etwas gemahlenen Mandeln bestreuen und den Teig darauf 8 bis 10 Millimeter dick ausrollen.

6. Für den Guss das Eiweiß mit den Rührbesen des Handrührgeräts steif schlagen und dabei nach und nach den Puderzucker zugeben. Weiterschlagen, bis die Eiweißmasse steif ist.

7. 2 Backbleche mit Backpapier auslegen.

8. Die Teigoberfläche 1,5 Millimeter dick mit dem Guss bestreichen. Mit einem runden Ausstecher von unten nach oben Halbmonde ausstechen. Den Ausstecher zwischendurch in heißes Wasser tauchen.

9. Die Zimtmonde auf das Backpapier setzen. Teigreste verkneten, zu flachen Kugeln formen und mit dem Guss bestreichen.

10. Die Monde nacheinander im vorgeheizten Ofen auf mittlerer Schiene bei 180 °C 7 bis 9 Minuten backen. Die Monde sollen nur ganz zart braun werden. Sie sind perfekt, wenn sie sich innen noch weich anfühlen. (Bäckt man sie zu lange, werden sie trocken und hart.) Die Zimtmonde auf dem Blech vollständig auskühlen lassen.

In einer luftdicht verschließbaren Dose zwischen Pergamentpapier halten sich die Zimtmonde 3 bis 4 Wochen.

Papas Haferplätzchen

Im Dezember duftet die Küche meiner Eltern oft nach gerösteten Haferflocken — es weihnachtet!
Und die Haferplätzchen sind der perfekte Energieschub für lange Winterwanderungen.

ZUTATEN FÜR CA. 35 STÜCK

FÜR DEN TEIG:

50 g Korinthen
80 g Butter
125 g kernige Haferflocken
4 EL Zucker
1 Ei (Kl. M)
1 Prise Salz
50 g Buchweizenmehl

AUSSERDEM

Backpapier

 *Zubereitungszeit 40 Minuten plus 1 Stunde Ziehzeit und 10 Minuten Backzeit*

Das Bild zum Rezept finden Sie auf Seite 163 hinten unten.

ZUBEREITUNG

1. Korinthen in eine kleine Schüssel füllen. Mit 75 Milliliter kochendem Wasser übergießen und 1 Stunde ziehen lassen. Anschließend die Korinthen in einem Sieb gut abtropfen lassen.

2. Butter, Haferflocken und 2 Esslöffel Zucker in einer Pfanne unter ständigem Rühren zartbraun anrösten. Anschließend Haferflocken auf einem Teller abkühlen lassen.

3. Den Backofen auf 180 °C (Umluft 160 °C, Gas Stufe 2-3) vorheizen.

4. 2 Esslöffel Zucker, Ei und Salz mit den Rührbesen des Handrührgeräts dickschaumig aufschlagen. Buchweizenmehl, Korinthen und Haferflocken mischen und unter die Eimasse heben.

5. 2 Backbleche mit Backpapier auslegen.

5. Mit einem Teelöffel kleine Häufchen auf das Backpapier setzen. Haferplätzchen im vorgeheizten Ofen bei 180 °C nacheinander auf mittlerer Schiene 8 bis 10 Minuten goldbraun backen.

6. Anschließend die Haferplätzchen vollständig auskühlen lassen und zwischen Lagen von Pergamentpapier in Blechdosen schichten.

Kühl und trocken gelagert halten sich die Haferplätzchen 4 Wochen.

Kokos-Limetten-Makronen

Kokosmakronen gibt es bei mir in klein zu Weihnachten und im Sommer in Eiskugelgröße gebacken und halb in Schokolade getaucht. Mit Limette sind sie eine schöne Variante, die nach Urlaub und Karibik schmeckt.

ZUTATEN FÜR CA. 30 STÜCK

FÜR DEN MAKRONENTEIG:
160 g grob geraspelte Kokosraspel
1 EL Aprikosenkonfitüre
120 g Zucker
1 Prise Salz
3 Eiweiß (Kl. M)
Saft und abgeriebene Schale von
1 unbehandelten Limette

AUSSERDEM
Backpapier

 *Zubereitungszeit 40 Minuten plus 12 Minuten Backzeit*

Das Bild zum Rezept finden Sie auf Seite 167 unten.

ZUBEREITUNG

1. Den Backofen auf 180 °C (Umluft 160 °C, Gas Stufe 2-3) vorheizen.

2. Kokosraspeln, Aprikosenkonfitüre, Zucker, Salz, Eiweiß und 3 Esslöffel Limettensaft in einen größeren Topf geben und bei milder Hitze unter ständigem Rühren erhitzen. Die Makronenmasse sollte 60 °C heiß sein bzw. sich heiß anfühlen.

3. Topf von der Herdplatte nehmen und den Limettenabrieb in die Kokosmasse rühren.

4. 2 Backbleche mit Backpapier auslegen.

5. Mit 2 Teelöffeln kleine Häufchen auf das Backpapier setzen.

6. Die Makronen im vorgeheizten Ofen auf mittlerer Schiene bei 180 °C nacheinander 10 bis 12 Minuten zartbraun backen. Kokosmakronen auf dem Blech auskühlen lassen.

In einer Dose zwischen Pergamentpapier halten sich die Kokos-Limetten-Makronen etwa 4 Wochen.

ACHTUNG
Wenn Sie feine Kokosraspel verwenden, brauchen Sie zusätzlich noch 2 Eiweiß und 1 Esslöffel Aprikosenkonfitüre.

VARIANTE
Die Kokosmakronen schmecken auch sehr lecker, wenn sie zur Hälfte in geschmolzene Zartbitter-Kuvertüre getaucht werden.

Lebkuchen mit Schokolade

Schokoladenlebkuchen helfen mir gegen Lichtmangel, stimmen mich fröhlich und machen vor allem Lust auf Weihnachten!

ZUTATEN FÜR 35-40 STÜCK

FÜR DEN LEBKUCHENTEIG:
100 g Marzipanrohmasse
200 g gemahlene Haselnüsse
100 g Zucker
60 g Orangenmarmelade
2 Eier (Kl. M)
2-3 TL Lebkuchengewürz
1 TL gemahlener Zimt
1 Messerspitze Hirschhornsalz
40 g Sahne

FÜR DEN GUSS:
200 g Zartbitter-Kuvertüre
(70 % Kakaoanteil)

AUSSERDEM
Backpapier
35-40 Backoblaten (5 cm ø)
1 Spritzbeutel mit großer Lochtülle oder
1 Plastikspritzbeutel

 Zubereitungszeit 1 Stunde plus 1 Stunde Trockenzeit plus 1 Stunde Kühlzeit und 15 Minuten Backzeit

Das Bild zum Rezept finden Sie auf Seite 167 Mitte rechts.

ZUBEREITUNG

1. Marzipan in kleine Stücke zupfen. Marzipan, gemahlene Haselnüsse, Zucker, Orangenmarmelade, Eier, Lebkuchengewürz, Zimt und Hirschhornsalz in eine große Schüssel geben und mit den Knethaken des Handrührgeräts 5 Minuten verkneten. Zum Schluss die Sahne unterrühren.

2. 2 Backbleche mit Backpapier auslegen. Backoblaten auf dem Backpapier verteilen.

3. Den Lebkuchenteig in einen Spritzbeutel mit großer Lochtülle oder in einen Plastikspritzbeutel füllen.

4. Dicke Tupfen auf die Oblaten spritzen. Eventuelle Unregelmäßigkeiten mit einem angefeuchteten Finger glatt drücken. Anschließend Lebkuchen 1 Stunde trocknen lassen.

5. Den Backofen auf 180 °C (Umluft 160 °C, Gas Stufe 2-3) vorheizen.

6. Die Lebkuchen im vorgeheizten Ofen auf mittlerer Schiene bei 180 °C 12 bis 15 Minuten backen. Lebkuchen auf einem Kuchengitter vollständig auskühlen lassen.

7. Für den Guss Kuvertüre fein hacken und im warmen Wasserbad schmelzen, dabei ab und zu umrühren.

8. Die Lebkuchen kopfüber in die Kuvertüre tunken und überschüssige Kuvertüre mit einem Pinsel etwas abstreifen. Die Lebkuchen auf Backpapier setzen und fest werden lassen.

Lebkuchen bewahrt man am besten zwischen Lagen von Pergamentpapier in Blechdosen auf — so bleiben sie am längsten frisch. Kühl und trocken gelagert halten sie sich 4 Wochen.

Schoko-Nugat-Cookies

Amerikanische Cookies in Weihnachtsplätzchengröße — schnell und einfach zu backen!

ZUTATEN FÜR CA. 70 STÜCK

FÜR DEN TEIG:
100 g Nugat (kalt)
150 g Mehl
1 EL Kakaopulver
1 Messerspitze Natron
100 g Zartbitter-Schokotropfen
100 g zimmerwarme Butter
100 g Rohrzucker
2 EL Honig
2 Prisen Salz
Mehl für die Arbeitsfläche

AUSSERDEM
Backpapier

 Zubereitungszeit 30 Minuten plus 1 Stunde Kühlzeit und 8 Minuten Backzeit

Das Bild zum Rezept finden Sie auf Seite 167 Mitte rechts.

ZUBEREITUNG

1. Nugat in 5 Millimeter große Würfel schneiden und in eine Schüssel geben. Mehl, Kakaopulver und Natron mischen, sieben und hinzufügen. Schokotropfen zugeben und alles gut vermengen. Die Nugatwürfel sollten nicht mehr zusammenkleben.

2. Butter, Rohrzucker, Honig und Salz mit den Rührbesen des Handrührgeräts mehrere Minuten dickschaumig aufschlagen. Mehlmischung mit einem Teigschaber unterheben.

3. Den weichen Teig auf bemehlter Arbeitsfläche kurz durchkneten, in 4 Stücke teilen und sanft zu 4 Rollen mit einem Durchmesser von 2,5 Zentimetern formen. Die Rollen 1 Stunde kalt stellen.

4. Den Backofen auf 180 °C (Umluft 160 °C, Gas Stufe 2-3) vorheizen.

5. 2 Backbleche mit Backpapier auslegen.

6. Die Teigrollen in 1 Zentimeter dicke Scheiben schneiden und auf das Backpapier legen. Die Schoko-Nugat-Cookies auf mittlerer Schiene im vorgeheizten Ofen nacheinander bei 180 °C 7 bis 8 Minuten backen.

7. Anschließend Cookies vollständig auskühlen lassen.

In einer mit Pergamentpapier ausgelegten luftdichten Dose halten sich die Kekse 3 bis 4 Wochen.

TIPP
Die Teigrollen lassen sich auch problemlos einfrieren, sodass Sie sich einen schönen Vorrat anlegen können. Wenn Sie Lust auf frische Kekse haben, sind sie schnell gebacken.

VARIANTE
Sie können den Teig auch zu Kügelchen rollen, diese auf dem Backpapier etwas flach drücken und backen – je nach Größe ändert sich die Backzeit.

Pfefferminzkekse

Ich liebe England und Pfefferminz! Deswegen muss es bei mir zu Weihnachten unbedingt etwas mit Pfefferminz geben.

ZUTATEN FÜR CA. 45 STÜCK

FÜR DEN MÜRBETEIG:
100 g kalte Butter
50 g Zucker
1 Eigelb (Kl. M)
1 Prise Salz
150 g Mehl

FÜR DIE FÜLLUNG:
220 g Puderzucker
5-10 Tropfen Pfefferminzöl

FÜR DEN GUSS:
200 g Zartbitter-Kuvertüre
1 EL silberne Zuckerperlen

AUSSERDEM
Backpapier
1 runder Ausstecher (3,5 cm ∅)

 Zubereitungszeit 1 Stunde plus 1 Stunde Kühlzeit plus 1 Stunde Trockenzeit und 12 Minuten Backzeit

Das Bild zum Rezept finden Sie auf Seite 167 Mitte links.

ZUBEREITUNG

1. Für den Mürbeteig die kalte Butter in dünne Scheiben schneiden. Butter, Zucker, Eigelb und Salz mit den Knethaken des Handrühr-geräts verkneten. Das Mehl zugeben und mit den Händen rasch zu einem glatten Teig verkneten. Den Mürbeteig zu einem flachen Ziegel formen, in Folie wickeln und 1 Stunde kalt stellen.

2. Den Backofen auf 180 °C (Umluft 160 °C, Gas Stufe 2-3) vorheizen.

3. 2 Backbleche mit Backpapier auslegen. Den Mürbeteig kurz verkneten und auf leicht bemehlter Arbeitsfläche 5 Millimeter dick ausrollen. Kreise mit einem Durchmesser von 3,5 Zentimetern ausstechen und auf das Backpapier legen.

4. Die Kekse im vorgeheizten Ofen nacheinander auf mittlerer Schiene bei 180 °C 10 bis 12 Minuten backen. Kekse auf dem Backpapier auskühlen lassen.

5. Für die Füllung Puderzucker mit 2 bis 3 Esslöffeln Wasser verrühren. Das Pfefferminzöl tropfenweise zugeben und zwischendurch probieren, damit es nicht zu scharf wird. Die Masse soll klebrig sein, aber nicht breit fließen.

6. Je ½ Teelöffel Pfefferminzcreme als kleines Häufchen auf jeden Keks setzen. Alternativ die Masse zu kleinen Bällchen rollen und auf die Kekse legen. Die Kekse anschließend 1 Stunde trocknen lassen.

7. Für den Guss die Kuvertüre fein hacken und im warmen Wasserbad unter Rühren schmelzen. Jeden Keks kopfüber in die Kuvertüre tauchen, wobei der Keksboden ohne Kuvertüre bleibt. Pfefferminzkekse abtropfen lassen und auf Backpapier setzen. Jeden Keks mit einer Silberperle garnieren und trocknen lassen.

Kühl und trocken gelagert, zwischen Lagen von Pergamentpapier, halten sich die Pfefferminzkekse 2 Wochen. Und am besten nicht mit anderen Keksen mischen, sonst schmecken alle Kekse nach Minze!

Früchtebrot

Ein veganes und schnelles Rezept! Hier stecken jede Menge Energie und Vitamine in den Früchtebrotscheiben.

ZUTATEN FÜR 2 FRÜCHTEBROTE

FÜR DEN TEIG:
500 g getrocknetes Mischobst
100 g getrocknete Cranberries
50 ml Rum oder Apfelsaft
60 g Sonnenblumenkerne
60 g Kürbiskerne
1 EL Puderzucker
80 g Vollkornmehl
2 Messerspitzen gemahlene Nelken
1 TL gemahlener Zimt

AUSSERDEM
Backpapier

 *Zubereitungszeit 20 Minuten plus 3 Stunden Ziehzeit und 40 Minuten Backzeit*

ZUBEREITUNG

1. Das Mischobst in kleine Stücke schneiden und in eine Schüssel geben. Cranberries hinzufügen. Die Mischung mit 200 Milliliter kochendem Wasser übergießen, den Rum oder Apfelsaft zugeben und umrühren. Die Schüssel mit Frischhaltefolie abdecken und die Früchte 2 bis 3 Stunden ziehen lassen.

2. Den Backofen auf 180 °C (Umluft 160 °C, Gas Stufe 2-3) vorheizen.

3. Sonnenblumenkerne, Kürbiskerne, Puderzucker, Vollkornmehl, gemahlene Nelken und Zimt in eine Rührschüssel geben. Die eingeweichte Obst-Cranberry-Mischung hinzufügen und alles verkneten.

4. Ein Backblech mit Backpapier auslegen.

5. Aus dem Teig 2 glatte ovale, nicht zu hohe Brote formen und auf das Backpapier setzen.

6. Die Früchtebrote im vorgeheizten Ofen auf mittlerer Schiene bei 180 °C 35 bis 40 Minuten backen. Nach 15 Minuten Backzeit die Früchtebrote mit Wasser bepinseln.

7. Früchtebrote anschließend auf dem Backblech auskühlen lassen.

Früchtebrot schmeckt am besten, wenn es etwas durchgezogen hat. Kühl und trocken gelagert hält es sich gut 2 Wochen.

Lebkuchenhaus

Einmal im Jahr werde ich Architektin und Baumeisterin. Dann backe ich ein Knusperhaus — einmal hat es mein Knusperhaus sogar auf den Dezembertitel der Zeitschrift »Living at Home« geschafft!

ZUTATEN FÜR 1 HAUS

FÜR DEN LEBKUCHENTEIG:
100 g Zuckerrübensirup
100 g Honig
200 g brauner Zucker
300 g kalte Butter
30 g Lebkuchengewürz
1 TL gemahlener Zimt
1 TL gemahlener Ingwer
2 TL Natron
1 Prise Salz
800 g Mehl
Mehl zum Ausrollen

FÜR DIE DEKORATION:
500 g Puderzucker
3 Eiweiß (Kl. M)
1 Blatt weiße Gelatine
150 g Marzipanrohmasse
grüne Speisefarbe
250 g englisches Lakritzkonfekt
1 EL Zuckerperlen
Puderzucker zum Bestäuben

AUSSERDEM
Backpapier
1 Männchen-Ausstecher
1 Spritzbeutel mit großer Lochtülle (8 mm ø)
1 Spritzbeutel mit kleiner Lochtülle
(2-3 mm ø)

 Zubereitungszeit 3 bis 4 Stunden plus 12 Stunden Kühlzeit plus 2 Stunden Trocken- zeit und 18 Minuten Backzeit

Das Bild zum Rezept finden Sie auf Seite 175.

ZUBEREITUNG

1. Für den Lebkuchenteig 90 Milliliter Wasser, Zuckerrübensirup, Honig und braunen Zucker in einen Topf geben und zum Kochen bringen. Den Topf vom Herd nehmen. Kalte Butter in Würfel schneiden und mit einem Schneebesen unter die heiße Zuckermasse rühren, bis sich die Butter aufgelöst hat.

2. Lebkuchengewürz, Zimt, Ingwer, Natron und Salz mischen. Wenn die Honigmasse nur noch lauwarm ist, die Mischung unterrühren und anschließend auf Raumtemperatur abkühlen lassen.

3. Die Zuckerrüben-Butter-Mischung in eine Rührschüssel füllen. Das Mehl zugeben und unterkneten. Den Teig in Klarsichtfolie einschlagen und am besten über Nacht, mindestens aber 8 Stunden in den Kühlschrank stellen.

4. Den Backofen auf 180 °C (Umluft 160 °C, Gas Stufe 2-3) vorheizen.

5. Den Lebkuchenteig in mehreren Portionen auf bemehlter Arbeitsfläche 6 Millimeter dick ausrollen.

6. Aus dem Teig 2 Dachhälften, 2 Seiten sowie Vorder- und Rückseite ausschneiden (Maße siehe Seite 173, oberes Foto). 4 Männchen ausstechen. Für die Bank ein Rechteck von 3 x 10 Zentimetern zuschneiden und aus einer Teigrolle 2 Scheiben als Füße abschneiden.

7. 2 Backbleche mit Backpapier auslegen und die Hausteile auf das Backpapier legen. Aus der Hausvorderseite eine Tür (4,5 x 8 Zentimeter) und ein rundes Fenster mit einem Durchmesser von 4,5 Zentimetern ausschneiden. Aus der Hausrückseite ein kleines rundes Fenster ausstechen.

8. Restlichen Teig zusammenkneten und zu einer mindestens 28 Zentimeter großen runden Bodenplatte ausrollen.

9. Alle Lebkuchenteile nacheinander im vorgeheizten Backofen bei 180 °C 15 bis 18 Minuten backen. Anschließend vollständig auf einem Kuchengitter auskühlen lassen.

10. Für die Dekoration den Puderzucker sieben. Eiweiß mit den Rührbesen des Handrührgeräts steif schlagen, dabei nach und nach

den Puderzucker zugeben. Zuckerguss in einen Spritzbeutel mit großer Lochtülle (8 Millimeter) füllen.

11. Die Blattgelatine zuschneiden und mit wenig Zuckerguss als Fenster auf die Rückseite der Hausfronten kleben.

12. Die Bodenplatte mit Zuckerguss bestreichen. Danach den Hausrahmen dick mit Zuckerguss bestreichen und die Teile zusammensetzen. Die Haustür an die Türöffnung kleben und gut 1 Stunde trocknen lassen.

13. Zuletzt das Dach mit Zuckerguss ankleben, gut festdrücken und trocknen lassen.

14. Etwas Zuckerguss in einen kleinen Spritzbeutel mit kleiner Lochtülle (2 bis 3 Millimeter) füllen.

15. Das Marzipan grün einfärben, 5 Millimeter dick ausrollen und 2 Tannenbäume ausstechen. Einen Tannenbaum in der Mitte halbieren und etwas antrocknen lassen. Den anderen Tannenbaum mit Zuckerguss an die Hauswand kleben, anschließend die beiden Hälften mit etwas Zuckerguss an der Tannenmitte festkleben.

16. Die Lebkuchenmännchen mit Zuckerguss verzieren. Die Bank mit Zuckerguss vor das Haus kleben.

17. Das Hausdach und die Landschaft mit Lakritzkonfekt, Zuckerguss und Zuckerperlen dekorieren und das fertige Lebkuchenhaus mit etwas Puderzucker beschneien.

*Am längsten hält sich das Lebkuchenhaus frisch,
wenn es in Klarsichtfolie verpackt wird.*

TIPP
Bei der Dekoration des Hauses sind Ihrer Fantasie keine Grenzen gesetzt. Alles, was bunt und essbar ist, darf auf das Haus mit Zuckerguss geklebt werden.

Reisegebäck

Sachertorten-Schnitten

Das Original kommt als Sachertorte auf den Tisch, aber bei mir gibt's kleine, hübsche Sachertorten-Schnitten!

ZUTATEN FÜR 16 STÜCKE

FÜR DEN SACHERBODEN:
150 g Zartbitter-Kuvertüre
100 g Marzipanrohmasse
6 Eier (Kl. M)
160 g weiche Butter
150 g Mehl
3 EL Kakaopulver
1 TL Backpulver
80 g gemahlene Mandeln
150 g Zucker
1 Prise Salz
100 ml Rum
160 g Quittengelee

FÜR DEN SCHOKOLADENGUSS:
120 g Zartbitter-Kuvertüre
100 g Sahne
Blattgold oder goldene Zuckerperlen

AUSSERDEM
Backpapier
1 Plastikspritzbeutel

 *Zubereitungszeit gut 1 Stunde plus 1 Stunde Kühlzeit und 15 Minuten Backzeit*

ZUBEREITUNG

1. Für den Sacherboden Kuvertüre fein hacken und im warmen Wasserbad schmelzen lassen. Marzipan in kleine Stücke zupfen. Die Eier trennen.

2. Den Backofen auf 180 °C (Umluft 160 °C, Gas Stufe 2-3) vorheizen. Ein Backblech mit Backpapier auslegen.

3. Weiche Butter und Marzipan in eine Schüssel geben und mit den Rührbesen des Handrührgeräts aufschlagen. Geschmolzene Kuvertüre zugeben und mehrere Minuten schaumig schlagen. Eigelbe nach und nach zugeben und weiterschlagen.

4. Mehl, Kakaopulver und Backpulver sieben und mit den Mandeln vermischen. Eiweiß, Zucker und Salz steif schlagen.

5. 50 Milliliter Rum zur Butter-Schokoladen-Masse geben. Die Hälfte der Mehlmischung und die Hälfte des steif geschlagenen Eiweiß mit einem Schneebesen unterheben, anschließend die jeweils andere Hälfte hinzufügen.

6. Den Teig auf dem Backpapier glatt streichen und im vorgeheizten Ofen auf mittlerer Schiene bei 180 °C 12 bis 15 Minuten backen. Anschließend die Sacherschnitte aus dem Ofen nehmen und auf einem Kuchengitter auskühlen lassen.

7. 50 Milliliter Rum und 50 Milliliter Wasser mischen und den abgekühlten Sacherboden damit beträufeln. Sacherboden halbieren.

8. Quittengelee glatt rühren und bis auf 1 Esslöffel auf einem Sacherboden verstreichen, dann den zweiten Boden daraufsetzen. Das restliche Quittengelee auf die obere Schicht streichen und kalt stellen.

9. Für den Schokoladenguss die Kuvertüre fein hacken. Sahne in einem Topf zum Kochen bringen. Den Topf von der Kochstelle nehmen, die Kuvertüre zugeben und rühren, bis sie geschmolzen ist. Die Sacherschnitte mit dem Guss bestreichen, dabei 2 bis 3 Esslöffel zurückbehalten. Sacherschnitte kalt stellen. Wenn der Schokoladenguss fest zu werden beginnt, mit dem restlichen Guss mithilfe eines Plastikspritzbeutels garnieren, in kleine Quadrate schneiden und mit Blattgold oder Zuckerperlen dekorieren.

Brownies mit Cashewkernen

Der schokoladigste aller Kuchen! Ich durfte ihn unterwegs auf all meinen Stationen backen.
Die Brownies machen satt und glücklich!

ZUTATEN FÜR CA. 12 STÜCK

150 g Cashewkerne, geröstet und gesalzen
250 g Zartbitter-Kuvertüre
250 g Butter
3 Eier (Kl. M)
100 g Zucker
100 g Mehl
1 EL Kakaopulver
60 g Schmand

AUSSERDEM
1 Backrahmen oder 1 Auflaufform
(25 x 20 cm)
Backpapier

Zubereitungszeit 20 Minuten plus
22 Minuten Backzeit

ZUBEREITUNG

1. Den Backofen auf 180 °C (Umluft 160 °C, Gas Stufe 2-3) vorheizen.

2. Die Cashewkerne grob hacken. Die Kuvertüre fein hacken.

3. Für den Teig die Butter in einem Topf bei milder Hitze schmelzen lassen und anschließend von der Kochstelle nehmen. Die Kuvertüre zu der heißen Butter in den Topf geben und darin ebenfalls schmelzen lassen.

4. Eier und Zucker mit den Rührbesen des Handrührgeräts mehrere Minuten dickschaumig aufschlagen. Anschließend die Butter-Schokoladen-Masse unterrühren.

5. Mehl und Kakaopulver sieben und mit 120 Gramm gehackten Cashewkernen mischen. Mehlmischung und Schmand unter die Brownie-Masse heben.

6. Eine passende Auflaufform oder einen verstellbaren Backrahmen auf ein Backblech stellen und mit Backpapier ausschlagen.

7. Die Brownie-Masse in die Form füllen, glatt streichen und mit den restlichen Cashewkernen bestreuen.

8. Brownies auf mittlerer Schiene im vorgeheizten Ofen bei 180 °C 18 bis 22 Minuten backen.

Brownies dürfen in der Mitte noch schön saftig und klebrig sein, denn so halten sie sich mehrere Tage frisch. Leicht erwärmt schmecken sie sehr lecker mit Vanilleeis — das macht sie gefühlt etwas »leichter«.

VARIANTE
Wer Cashewkerne nicht mag, kann auch gesalzene Erdnüsse oder Macadamianüsse verwenden.

Harrods Scones

Afternoon Tea ist die schönste Tageszeit in England! In der Harrods-Backstube machten wir die Scones immer am späten Nachmittag, dann kamen sie in den Kühlschrank und wurden am nächsten Morgen frisch gebacken.

ZUTATEN FÜR 20 STÜCK

FÜR DEN SCONES-TEIG:
500 g Mehl
100 g zimmerwarme Butter
90 g Zucker
20 g Backpulver
½ TL Salz
100 g Sultaninen
(alternativ 100 g getrocknete Cranberries)
80 g gehackte Walnüsse oder
Schokoladentropfen
250 ml Milch
Mehl zum Ausrollen
1 Eigelb

FÜR DIE CLOTTED CREAM:
100 g Mascarpone
50 g Crème fraîche
100 g Orangenmarmelade

AUSSERDEM
Backpapier
1 sauberes Geschirrtuch

 *Zubereitungszeit 20 Minuten plus 1 Stunde Ruhezeit und 25 Minuten Backzeit*

ZUBEREITUNG

1. Mehl, Butter, Zucker, Backpulver und Salz in eine große Schüssel geben und mit den Fingern verreiben, bis keine Butterstücke mehr zu sehen sind. Sultaninen, gehackte Walnüsse oder Schokoladentropfen und Milch zugeben und mit einem Spatel unterrühren.

2. Ein Backblech mit Backpapier auslegen.

3. Den Teig auf bemehlter Arbeitsfläche kurz durchkneten und 3 Zentimeter dick ausrollen. Kreise mit einem Durchmesser von 5 Zentimetern ausstechen. Den Vorgang wiederholen, bis der ganze Teig verbraucht ist. Den Teig dabei so wenig wie möglich kneten, da er sonst zäh wird.

4. Die Scones auf das Backpapier setzen und mit einem Geschirrtuch abdecken. 1 Stunde ruhen lassen. Alternativ dazu abgedeckt bis zu 10 Stunden in den Kühlschrank stellen.

5. Den Backofen auf 180 °C (Umluft 160 °C, Gas Stufe 2-3) vorheizen.

6. Das Eigelb mit 1 bis 2 Esslöffeln Wasser verschlagen und die Oberfläche der Scones damit bepinseln. Anschließend die Scones im vorgeheizten Ofen auf mittlerer Schiene bei 180 °C 20 bis 25 Minuten goldgelb backen.

7. Für die Clotted Cream Mascarpone und Crème fraîche in eine kleine Schüssel geben und glatt rühren. Einen Klecks der Mischung und etwas Orangenmarmelade zu den lauwarmen Scones servieren.

TIPP

Scones eignen sich wunderbar als Frühstücksbrötchen, und sie können gut eingefroren werden. Vor dem Servieren die Scones einfach etwas antauen lassen und anschließend kurz aufbacken. Wer einen englischen Shop in der Nähe hat, kann sich echte »Clotted Cream« zu den Scones besorgen.

VARIANTE

Wenn Ihnen die Form nicht so wichtig ist, können Sie den Teig auch in Quadrate schneiden und sofort backen.

Bananen-Kokos-Kuchen

Ein raffinierter Kuchen, den ich schon seit Jahren gerne backe und am liebsten frisch aus dem Ofen esse!

ZUTATEN FÜR 10-12 STÜCKE

FÜR DEN MÜRBETEIG:
150 g kalte Butter
80 g Zucker
2 Eigelbe (Kl. M)
1 Prise Salz
230 g Mehl
Butter für die Form
Mehl für die Arbeitsfläche

FÜR DIE FÜLLUNG:
800 g reife (!) Bananen
100 ml Zitronensaft
2 Eiweiß (Kl. M)
1 Ei (Kl. M)
80 g Zucker
180 g grob geraspelte Kokosraspel

AUSSERDEM
1 Springform (26 cm ø)

Zubereitungszeit 45 Minuten plus 30 Minuten Kühlzeit und 55 Minuten Backzeit

ZUBEREITUNG

1. Für den Mürbeteig die kalte Butter in dünne Scheiben schneiden. Butter, Zucker, Eigelbe und Salz mit den Knethaken des Handrührgeräts verkneten. Mehl zugeben und mit den Händen rasch zu einem glatten Teig verkneten. Mürbeteig zu einem flachen Ziegel formen, in Folie wickeln und 30 Minuten kalt stellen.

2. Den Backofen auf 180 °C (Umluft 160 °C, Gas Stufe 2-3) vorheizen.

3. Die Springform dünn mit Butter fetten.

4. Den Mürbeteig auf bemehlter Arbeitsfläche 5 Millimeter dick ausrollen, einen Kreis (25 Zentimeter ø) ausschneiden und in die Springform legen. Den restlichen Mürbeteig kühl stellen.

5. Mürbeteigboden im vorgeheizten Ofen auf mittlerer Schiene bei 180 °C 12 bis 15 Minuten zartbraun backen. Auf einem Kuchengitter auskühlen lassen.

6. Für die Füllung die Bananen schälen und in 1,5 Zentimeter dicke Scheiben schneiden. Bananenscheiben in eine Schüssel geben. Zitronensaft, Eiweiß und das Ei hinzufügen und gut vermischen.

7. Restlichen Mürbeteig zu einer langen Rolle formen und 2 Zentimeter hoch an den Rand in der Springform drücken. Bananen mit den Händen etwas ausdrücken und in die Springform geben – dabei soll der Saft in der Schüssel bleiben.

8. Zucker und Kokosraspeln zum Saft in die Schüssel geben und gut vermischen. Die Kokosmasse auf dem Kuchen verteilen.

9. Den Bananen-Kokos-Kuchen im Ofen auf unterer Schiene bei 180 °C 35 bis 40 Minuten backen. Nach 10 Minuten Backzeit mit Alufolie abdecken. Den Kuchen erneut auf einem Kuchengitter abkühlen lassen und noch leicht warm aus der Springform lösen.

Der Kuchen schmeckt frisch am besten, hält sich jedoch 2 bis 3 Tage. Es kann zwar sein, dass die Bananen etwas braun werden, das beeinflusst aber nicht den Geschmack!

Seth's New York Cheesecake

Mein kleiner New York Cheesecake mit Johannisbeer-Topping ist dem Sänger und Tänzer Seth aus New York gewidmet!

FÜR 1 KLEINEN KUCHEN

FÜR DEN BODEN:
75 g Butter
100 g Butterkekse

FÜR DIE FÜLLUNG:
400 g Frischkäse (Doppelrahmstufe)
100 g Crème fraîche
60 g Zucker
1 EL Speisestärke
1 EL Vanillezucker (siehe Rezept Seite 18)
2 Eier (Kl. M)

FÜR DEN GUSS:
180 g rote Johannisbeeren
(frisch oder tiefgekühlt)
100 g Gelierzucker 2:1

AUSSERDEM
1 Gefrierbeutel
1 Springform (18 cm ø)
Backpapier

*Zubereitungszeit 1 Stunde plus 4 Stunden
Kühlzeit und 35 Minuten Backzeit*

ZUBEREITUNG

1. Für den Boden die Butter in einem kleinen Topf zerlassen.

2. Butterkekse in einen Gefrierbeutel füllen. Den Beutel fest verschließen und die Kekse mit einer Teigrolle fein zerbröseln. Die Butterkeksbrösel mit der Butter mischen und gut verrühren.

3. In die Springform ein Blatt Backpapier einspannen. Die Keksmasse in die Springform geben und mit der Rückseite eines Esslöffels die Brösel 1 bis 2 Zentimeter hoch an den Springformrand und auf dem Boden festdrücken. Die Form 10 Minuten kühl stellen.

4. Den Backofen auf 180 °C (Umluft 160 °C, Gas Stufe 2-3) vorheizen.

5. Für die Füllung Frischkäse, Crème fraîche, Zucker, Speisestärke und Vanillezucker in eine Rührschüssel geben. Alles mit den Rührbesen des Handrührgeräts auf mittlerer Stufe glatt rühren.

6. Eier nach und nach kurz unterrühren. Frischkäsemasse in die Springform füllen und glatt streichen.

7. Den Kuchen auf einem Rost im unteren Drittel des vorgeheizten Ofens bei 180 °C 30 bis 35 Minuten backen. Anschließend den Cheesecake auf einem Kuchengitter auskühlen lassen.

8. Für den Guss Johannisbeeren waschen, verlesen und zupfen. Johannisbeeren und Gelierzucker in einen Topf geben, zum Kochen bringen und dabei ab und zu umrühren. 1 bis 2 Minuten sprudelnd kochen lassen. Johannisbeeren noch heiß durch ein Sieb streichen. Den aufgefangenen Johannisbeersaft noch warm über den ausgekühlten Cheesecake gießen und den Kuchen anschließend 3 bis 4 Stunden kühl stellen.

9. Vor dem Servieren den Cheesecake vorsichtig mit einem schmalen, glatten Messer aus der Form schneiden.

*Der New York Cheesecake schmeckt am besten,
wenn er mehrere Stunden durchgezogen hat.*

Cannelés

Achtung Suchtgefahr! Cannelés sind eine Spezialität aus Bordeaux: Sie haben eine ganz bestimmte Form, lassen sich aber für den Hausgebrauch auch wunderbar in kleinen Gugelhupfformen aus Silikon backen.

ZUTATEN FÜR CA. 12 STÜCK

½ Vanilleschote
200 ml Milch (1,5 % Fett)
1 Prise Salz
200 g Zucker
100 g Mehl
1 Ei (Kl. M)
1 Eigelb (Kl. M)
80 ml Wasser
Butter für die Form

AUSSERDEM

1 Silikonform für Mini-Gugelhupfe oder Cannelésförmchen (40-60 ml)

Zubereitungszeit 20 Minuten plus 3 Stunden Kühlzeit und 1 Stunde Backzeit

ZUBEREITUNG

1. Für den Teig die Vanilleschote der Länge nach aufschlitzen. Vanilleschote, Milch, Salz und 100 Gramm Zucker in einen Topf geben und zum Kochen bringen.

2. 100 Gramm Zucker und das Mehl mischen. Ei, Eigelb und Wasser hinzufügen und klümpchenfrei verrühren.

3. Die kochend heiße Milch zugießen und unterrühren. Den Teig abkühlen lassen und 2 bis 3 Stunden, gerne über Nacht, kalt stellen.

4. Den Backofen auf 180 °C (Umluft 160 °C, Gas Stufe 2-3) vorheizen.

5. Gugelhupfformen dünn mit Butter fetten und auf ein Backblech stellen.

6. Die Vanilleschote aus dem Cannelés-Teig fischen und die Gugelhupfformen bis höchstens 5 Millimeter unter den Rand füllen.

7. Cannelés im vorgeheizten Ofen auf mittlerer Schiene bei 180 °C 50 bis 60 Minuten kräftig braun backen. Anschließend noch warm aus der Form nehmen.

Cannelés sind außen knusprig, innen schön knatschig– weich und schmecken sehr frisch am allerbesten. Die kleinen Gebäckstücke sollten nicht älter als 6 Stunden werden!

TIPP

Je nach Förmchengröße ändert sich die Backzeit der Cannelés! Cannelle heißt auf französisch Zimt. Ich vermute, dass das Gebäck deshalb so heißt, da es von außen farblich an eine Zimtstange erinnert. Man kann den Teig in der Winterzeit gerne mit 1 Prise Zimt abschmecken oder auch – sehr lecker – mit etwas Orangenschale.

Erdnuss-Schoko-Kleckse

Eine süß–salzige Leckerei, ganz ohne Backen. Ein tolles, selbst gemachtes Last–Minute–Geschenk!

ZUTATEN FÜR CA. 30 STÜCK

150 g Kuvertüre
50 g Erdnussbutter
50 g Erdnüsse, geröstet und gesalzen

AUSSERDEM
Backpapier

 *Zubereitungszeit 15 Minuten plus 10 Minuten Kühlzeit*

ZUBEREITUNG

1. Die Kuvertüre fein hacken, in eine Schüssel geben und im warmen Wasserbad schmelzen, dabei ab und zu umrühren.

2. Anschließend die Erdnussbutter zur flüssigen Kuvertüre geben und glatt rühren.

3. Erdnüsse grob hacken und unter die Kuvertüre rühren.

4. Ein Tablett mit Backpapier auslegen. Mit zwei Teelöffeln Erdnuss-Schoko-Kleckse auf das Backpapier setzen.

5. Die Erdnuss-Schoko-Kleckse 10 Minuten kühl stellen.

Die Erdnuss–Schoko–Kleckse halten sich kühl und trocken gelagert 2 bis 3 Wochen.

TIPP
Duch die Erdnussbutter entfällt das etwas schwierige Temperieren der Kuvertüre. Die Kuvertüre und die Schokokleckse bekommen (fast immer) einen schönen Glanz.

VARIANTE
Bei der Kuvertüre wählen Sie einfach die Sorte, die Sie am liebsten mögen. Zartbitter-, Vollmilch- oder weiße Kuvertüre! Man kann das Rezept auch halbieren, zwei Kuvertüren verwenden und hübsche marmorierte Kleckse auf das Backpapier setzen. Wenn die Kleckse etwas Crunch haben sollen, kann man auch eine Handvoll zerbröselte Butterkekse hineingeben. Sehr gut schmecken sie auch mit getrockneten Cranberries.

Mohnkuchen

Dieses wunderbare Rezept begleitet mich schon so lange, dass ich gar nicht mehr sagen kann, wann ich den Kuchen zum ersten Mal gebacken habe. Und selbst die Kollegen sind immer begeistert!

ZUTATEN FÜR 12 STÜCKE

FÜR DEN TEIG:
250 ml Milch
100 g Butter
150 g Zucker
250 g ganze Mohnsaat
50 g Sultaninen oder getrocknete Kirschen
3 Eier (Kl. M)
1 TL gemahlener Zimt
1 gestrichener TL Backpulver
80 g gemahlene Mandeln
100 g Semmelbrösel
Butter für die Form

FÜR DEN GUSS:
100 g Puderzucker
2-3 EL Zitronensaft

AUSSERDEM
1 Springform (26 cm ø)
Backpapier

 Zubereitungszeit 30 Minuten plus 1 Stunde Kühlzeit und 35 Minuten Backzeit

Das Bild zum Rezept finden Sie auf Seite 177.

ZUBEREITUNG

1. Für den Teig Milch, Butter, Zucker und Mohn in einen Topf geben, zum Kochen bringen und 10 Minuten sanft köcheln lassen.

2. Die Mohnmasse anschließend in eine Schüssel füllen, die Sultaninen unterrühren und auf Raumtemperatur abkühlen lassen.

3. Den Backofen auf 180 °C (Umluft 160 °C, Gas Stufe 2-3) vorheizen.

4. In die Springform ein Blatt Backpapier einspannen und den Rand mit Butter fetten. Die Eier mit einem Schneebesen unter die abgekühlte Mohnmasse rühren.

5. Zimt, Backpulver, gemahlene Mandeln und Semmelbrösel gründlich mischen und unterrühren.

6. Die Mohnmasse in die Springform füllen und glatt streichen. Den Mohnkuchen auf der mittleren Schiene im vorgeheizten Ofen bei 180 °C 30 bis 35 Minuten backen. Anschließend auf einem Kuchengitter auskühlen lassen.

7. Den ausgekühlten Kuchen auf eine Tortenplatte stellen. Puderzucker mit Zitronensaft zu einem sehr dickflüssigen Guss anrühren. Den Guss auf dem Kuchen verstreichen und anschließend trocknen lassen.

Der Kuchen hält sich sehr gut mehrere Tage.

Apfelstrudel oder –täschchen

Ein saftiger Apfelstrudel ersetzt liebend gerne eine Hauptmahlzeit, und für zwischendurch habe ich noch die schnelle Täschchenvariante.

ZUTATEN FÜR 2 STRUDEL

FÜR DEN STRUDELTEIG:
200 g Mehl
1 Ei (Kl. M)
2 Prisen Salz
20 ml Speiseöl
60 ml Wasser
Mehl zum Bestäuben

FÜR DIE FÜLLUNG:
800 g Äpfel (z.B. Braeburn)
Saft von 1 kleinen Zitrone
80 g gehackte, geröstete Haselnüsse
(alternativ Mandeln)
80 g Sultaninen (alternativ getrocknete
Cranberries)
100 g brauner Zucker
150 g Schmand
80 g Butter

AUSSERDEM
1 sauberes Geschirrtuch
Backpapier

Zubereitungszeit 40 Minuten plus 1 Stunde Ruhezeit und 35 Minuten Backzeit

ZUBEREITUNG

1. Für den Teig 150 Gramm Mehl, Ei, Salz, Öl und Wasser in eine Schüssel geben. Mit den Knethaken des Handrührgeräts (oder in einer Küchenmaschine) ausgiebig verkneten. Nach und nach die restlichen 50 Gramm Mehl zugeben. Teig mit Mehl bestäuben, in Frischhaltefolie wickeln und für gut 1 Stunde ruhen lassen.

2. Für die Füllung Äpfel schälen, achteln, das Kerngehäuse entfernen und das Fruchtfleisch in 5 Millimeter breite Stücke schneiden. Apfelstückchen mit dem Zitronensaft beträufeln. Haselnüsse, Sultaninen, 80 Gramm braunen Zucker und Schmand untermischen.

3. Die Butter zerlassen.

4. Den Teig auf leicht bemehlter Arbeitsfläche auf eine Größe von 40 x 30 Zentimetern ausrollen. Ein sauberes Geschirrtuch auf der Arbeitsfläche ausbreiten und mit etwas Mehl bestäuben.

5. Den Strudelteig über dem Handrücken noch etwas dünner ziehen und auf das Geschirrtuch legen. Teig an den Seiten dünner ziehen, bis er circa 60 x 40 Zentimeter groß ist.

6. Den Backofen auf 180 °C (Umluft 160 °C, Gas Stufe 2-3) vorheizen.

7. Den Teig vorsichtig mit flüssiger Butter bestreichen, dabei etwas Butter zum Bestreichen des fertigen Strudels übrig lassen. Die Füllung auf dem Teig verteilen, dabei rundum einen 6 Zentimeter breiten Rand und in der Mitte ein 10 Zentimeter breites Stück frei lassen.

8. Den Strudel mithilfe des Geschirrtuchs von oben nach unten aufrollen. Den Strudel in zwei Hälften teilen und die offenen Enden gut zudrücken.

9. Ein Backblech mit Backpapier auslegen. Die Strudel auf das Backpapier setzen, mit der restlichen Butter bepinseln und mit 20 Gramm Zucker bestreuen.

10. Strudel im vorgeheizten Ofen auf mittlerer Schiene bei 180 °C 25 bis 35 Minuten backen – je nachdem wie reif die Äpfel sind.

ZUTATEN FÜR 12 TÄSCHCHEN

400 g Äpfel (z.B. Braeburn)
Saft von ½ kleinen Zitrone
40 g gehackte, geröstete Haselnüsse
(alternativ Mandeln)
40 g Sultaninen (alternativ getrocknete Cranberries)
50 g brauner Zucker
75 g Schmand
80 g Butter
6 Blätter fertiger Strudel- oder Filoteig
(ca. 30 x 30 cm)
Puderzucker zum Bestäuben

ZUBEREITUNG STRUDELTÄSCHCHEN

1. Die Füllung für die Täschchen wie beschrieben zubereiten (siehe Seite 192). Butter zerlassen. Strudelblätter dünn mit Butter bepinseln.

2. 2 Strudelblätter aufeinanderlegen und in 4 Quadrate schneiden. Apfelfüllung gleichmäßig in der Mitte verteilen. Die 4 Strudelteigecken als Täschchen oben zusammendrücken und auf ein mit Backpapier ausgelegtes Backblech setzen.

3. Die Täschchen im vorgeheizten Ofen auf mittlerer Schiene bei 180 °C 15 bis 20 Minuten backen. Die Strudeltäschchen mit Puderzucker bestäuben und servieren.

Apfelstrudel oder –täschchen schmecken warm oder kalt mit Schlagsahne, Vanillesauce oder Vanilleeis.

Karottenkuchen

Diesen saftigen Kuchen beschreibe ich gerne als lecker und gesund — perfekt für Kinder,
die kein Gemüse essen möchten!

ZUTATEN FÜR 12 STÜCKE

FÜR DEN TEIG:
400 g Karotten
50 g Marzipanrohmasse
6 Eier (Kl. M)
120 g Zucker
1 Prise Salz
50 g Mehl
1 TL Backpulver
1 TL gemahlener Zimt
300 g gemahlene Haselnüsse
80 g Semmelbrösel
Butter für die Form

FÜR DIE DEKORATION:
80 g Puderzucker
100 g Marzipanrohmasse
gelbe und rote Speisefarbe
200 g Frischkäse (Doppelrahmstufe)
12 frische Zitronenmelisse- oder Minzeblättchen

AUSSERDEM
1 Springform (26 cm ø)
Backpapier

 *Zubereitungszeit 45 Minuten plus*
1 Stunde Backzeit

ZUBEREITUNG

1. Den Backofen auf 180 °C (Umluft 160 °C, Gas Stufe 2-3) vorheizen.

2. In die Springform ein Blatt Backpapier einspannen und den Rand mit Butter fetten.

3. Die Karotten schälen und grob raspeln. Marzipan in kleine Stücke zupfen. Die Eier trennen.

4. Marzipan, Eigelbe und 2 Esslöffel heißes Wasser mit den Rührbesen des Handrührgeräts schaumig schlagen.

5. Eiweiß, Zucker und Salz in einer zweiten Schüssel steif schlagen.

6. Mehl, Backpulver und Zimt mischen und sieben. Gemahlene Haselnüsse und Semmelbrösel zugeben und gründlich vermischen.

7. Eigelbmasse, Eiweiß und Karotten mit einem Spatel mischen. Anschließend die Mehl-Nuss-Mischung unterheben.

8. Den Teig gleichmäßig in der Springform verteilen. Den Kuchen auf der mittleren Schiene im vorgeheizten Ofen bei 180 °C etwa 1 Stunde backen.

9. Mithilfe eines Holzstäbchens eine Stäbchenprobe machen: Klebt noch Teig an dem Stäbchen, noch einige Minuten weiterbacken. Anschließend aus dem Ofen nehmen und auf einem Kuchengitter auskühlen lassen.

10. Für die Dekoration den Puderzucker sieben. Marzipan mit 1 Esslöffel Puderzucker, etwas roter und gelber Speisefarbe orange einfärben und verkneten. 12 kleine Marzipankarotten formen und oben mit einem Holzstäbchen ein kleines Loch eindrücken.

11. Für den Guss den Frischkäse mit dem restlichen Puderzucker glatt rühren.

12. Karottenkuchen mit der Frischkäsecreme bestreichen und mit den Marzipankarotten dekorieren. In die Löcher der Marzipankarotten 1 oder 2 Blätter frische Zitronenmelisse stecken.

Pimp Your Cake

Die schönsten Dekorationen einfach selbst machen

Torten zu schmücken, ist, da ich hauptsächlich Hochzeitstorten backe, meine Lieblingsarbeit! Mit buntem Rollfondant, Marzipan und Zuckerguss kann ich aus einem einfachen Kuchen eine tolle Torte zaubern. Und mit einem Zuckerblümchen können auch Sie aus jedem Gebäck ein hübsches und sehr individuelles Geschenk machen.

HERZEN AUS MARZIPAN

Mit etwas Geschick lassen sich rasch Herzen aus Marzipan modellieren. Oder ich rolle Marzipan auf sehr wenig Puderzucker aus und steche die Herzen aus.

PILZE AUS MARZIPAN

Für süße Marzipanpilze wird die Marzipanrohmasse zu einem Drittel rot eingefärbt. Ein kleines bisschen Marzipan wird grün, der Rest bleibt naturfarben. Aus dem ungefärbten Rohmarzipan forme ich einen Kegel, aus dem roten Marzipan eine Kugel. Die Kugel drücke ich flach und setze sie auf den Kegel. Um Gras zu modellieren, drücke ich grünes Marzipan durch eine Knoblauchpresse. Anschließend einfach etwas Zuckerguss anrühren und die weißen Punkte auf die Pilze spritzen.

ZUCKERBLÜMCHEN

Für hübsche Zuckerblümchen färbe ich Rollfondant in der gewünschten Farbe ein und rolle ihn auf sehr wenig Puderzucker 1,5 Millimeter dick aus. Dann werden Blümchen ausgestochen und in leere Pralinen-Plastikmulden (z.B. Toffifee) gelegt. In die Mitte gebe ich einen Tupfen Zuckerguss. Trocken gelagert halten sich die Zuckerblümchen mehrere Monate. Man kann auch 3 bis 4 Blümchen aufeinanderstapeln – hierzu mit einem Hauch Wasser aneinanderkleben – und drückt in die Mitte kleine Geburtstagskerzen. Anschließend einfach trocknen lassen und mit etwas Zuckerguss auf den Geburtstagskuchen kleben.

MODELLIERTE ZUCKERBLUME

Für eine aufwendigere Blume bestreue ich zunächst ein kleines Blech 2 Zentimeter dick mit Zucker, bedecke es mit Frischhaltefolie und drücke eine Mulde in den Zucker. Anschließend rolle ich Rollfondant auf der mit wenig Puderzucker bestäubten Arbeitsfläche oder Silikonmatte 2 Millimeter dick aus. Für die Blütenblätter steche ich 5 Kreise mit einem Durchmesser von 3 Zentimetern aus und decke sie mit Folie ab. Den Rand der Kreise drücke ich mit einem Modellierwerkzeug flach. Was auch gut klappt: Die Blätter zwischen Folie legen – entweder aufgeschnittene Gefrierbeutel oder Aktenfolien – und den Blattrand nur mit den Fingerspitzen flach drücken.
Die Blätter werden in der Zuckermulde kreisförmig überlappend aneinandergelegt und in der Mitte leicht angedrückt. Dann kommt ein Tropfen nicht zu flüssiger Zuckerguss in die Mitte und anschließend bestreue ich den Klecks mit kleinen bunten Zuckerperlen (Non Pareils). Die Zuckerblume muss 1 bis 2 Tage trocknen und hält 2 bis 3 Monate.

SCHRIFTBAND AUS ROLLFONDANT

Für ein Schriftband rolle ich Rollfondant 2 Millimeter dick aus. Nach Belieben kann man anschließend mithilfe eines kleinen Rädchens eine Naht eindrücken. Für die Schrift gibt es Buchstaben zu kaufen, die man in den Rollfondant drücken kann. Danach schneide ich das Band auf die richtige Länge zu.

GEZUCKERTE BLUMEN

Für gezuckerte Blumen verwendet man am besten frische ungespritzte, ungiftige Blumen aus dem eigenen Garten. Es eignen sich nicht nur Rosenblätter, sondern auch Gänseblümchen oder Veilchen. Die Blumen pinsle ich mit einem frischen Malpinsel ganz dünn mit Eiweiß ein und bestreue sie mit Zucker. Anschließend lasse ich sie auf einem Gitter trocknen – so halten sie sich einige Wochen!

RÖSCHEN AUS ROLLFONDANT

Hübsche Röschen kann man relativ leicht aus rotem Rollfondant herstellen: Einfach den Rollfondant zu 0,5 Zentimeter dicken Rollen formen und die Rollen zwischen Folie legen – ich verwende hier entweder aufgeschnittene Gefrierbeutel oder auch Aktenfolien. Dann drücke ich die Rolle mit den Fingerspitzen an einer Seite flach. Den Streifen rolle ich mit der dünnen Seite nach oben zeigend zu Röschen auf. Die Röschen schneide ich mit einem Messer unten gerade ab. Für die grünen Blätter forme ich Rollfondant zu kleinen Kegeln und drücke sie zwischen Folie flach. Mit dem Messerrücken drücke ich anschließend vorsichtig Blattriefen hinein.

ZUCKERGUSS

Zuckerguss ist mein Schreibzeug und Klebstoff für alle Tortenanlässe! Hierfür schlage ich 1 frisches Eiweiß mit 200 Gramm gesiebtem Puderzucker mit den Rührbesen des Handrührgeräts dickschaumig auf. In einer gut verschließbaren Plastikbox hält er sich kühl gelagert 4 bis 5 Tage. Bei Bedarf einfach etwas Zuckerguss herausnehmen, nach Belieben einfärben oder etwas glatt rühren und zum »Kleben« verwenden. Für runde Punkte wie auf dem Pilz (Seite 200) muss man den Zuckerguss mit ein paar Tropfen Wasser weicher rühren. Ist der Zuckerguss zu flüssig geworden, einfach wieder gesiebten Puderzucker unterrühren.

SCHÖNE MUSTER AUF TORTEN

Mit Stencil-Schablonen können Sie professionell Torten schmücken (siehe Rezept Seite 138). Die Technik erfordert aber etwas Geschick, sodass Sie am besten vorher ein wenig üben. Hierzu verwende ich ein Holzbrett, auf das ich den Zuckerguss auftrage. Torten-Schablonen kann man im Internet bestellen, z.B. unter
www.tortenwelt-shop.com/de/Schablonen-fuer-Torten-Muffins-und-Kekse
www.alb-torten.de/Stencils-Schablonen

Register

Vielen Dank an alle, die mit mir an diesem wunderbaren, leckeren Buch mitgearbeitet haben,
es hat sehr viel Spaß gemacht! Ein extra Dankeschön an die Familie, Freunde und meine
Mitarbeiter, die mir den Rücken gestärkt haben und alle Backergebnisse testen und essen durften.
Und nicht zu vergessen ein herzliches Dankeschön an alle Kuchenliebhaber, ohne die das
Backen nur halb so viel Freude machen würde!

Alles Liebe, Christine Bergmayer

1. Auflage
© 2014 by Südwest Verlag, einem Unternehmen der
Verlagsgruppe Random House GmbH, 81673 München.

Herausgeber: Ulf Meyer zu Kueingdorf
Redaktionsleitung: Silke Kirsch
Projektleitung: Eva Wagner
Redaktion: Anja Fleischhauer, Stuttgart
Korrektorat: Kerstin Weber, Rosenheim
Bildredaktion: Sabine Kestler
Fotografie: Ulrike Holsten
Fotoassistenz: Claas Jähne
Foodstyling: Sarah Trenkle und Christine Bergmayer
Styling: Meike Stüber
Satz und Produktion: atelier-sanna.com, München
Umschlaggestaltung und Layout: atelier-sanna.com, München
Druck und Verarbeitung: Mohnmedia, Gütersloh
Printed in Germany

MIX
Papier aus verantwortungsvollen Quellen
FSC® C011124

Verlagsgruppe Random House FSC®N001967
Das für diesen Titel verwendete FSC®-zertifizierte Papier
Novatech satin liefert Antalis, Deutschland.

ISBN: 978-3-517-09271-3